Stephen Turnbull · Wayne Reynolds

# NINJA

## und

## Japanische Kampfmönche

## 950 - 1650

edition
Brandenburgisches Verlagshaus
bei Siegler

# IMPRESSUM

**Siegler Verlag GmbH**
**Einsteinstraße 10**
**53757 Sankt Augustin**

Deutsche Ausgabe:


**Englische Originalausgabe:**

**Japanese Warriors Monks AD 949-1603**: First published in Great Britain in 2003, by Osprey Publishing Ltd., Elms Court, Chapel Way, Botley, Oxford, OX2 9LP. 

**Ninja AD 1460-1650**: First published in Great Britain in 2003, by Osprey Publishing Ltd., Elms Court, Chapel Way, Botley, Oxford, OX2 9LP. 

Verantwortlich für den Inhalt: Stephen Turnbull
Deutsche Übersetzung: Ralph Sander
Fachlektorat: Dr. Ingrid Fritsch, Sabine Ganter-Richter
Umschlagentwurf: ART WORK, Olaf Schumacher, Königswinter
Layout/Satz: Hilga Pauli
Druck: Ellwanger Bayreuth


Printed and bound in Germany

ISBN: 3-87748-631-2

**Danksagung des Autors**
Ich möchte mich bei den Tempeln von Todaiji, Kofukuji, Enryakuji, Miidera, Negoroji, Ganshoji sowie bei einer Reihe kleinerer Tempel bedanken, die mir während der Recherche behilflich waren. Mein Dank gilt auch meiner Frau für die Hilfe und die Unterstützung, die sie mir bei jedem meiner Bücher gegeben hat. Sie hat mit mir den größten Teil der hier beschriebenen Tempel und Schreine besucht und ist auch auf dem Foto von Kiyomizudera auf S. 18 zu sehen. Leider ist dieses Buch das letzte, an dem sie mitarbeiten konnte, da sie im November 2002 verstorben ist. Diese Veröffentlichung erfolgt daher im Gedenken an sie und unsere Zusammenarbeit.
Mein Dank gilt weiterhin den Mitarbeitern der Ninja-Museen in Iga-Ueno, Koga und Togakure, die mir bei der Vorbereitung für dieses Buch durch ein Labyrinth aus hinzugedichteten romantischen Eigenschaften und Taten geholfen haben, um ein Maximum an Authentizität zu erzielen. Zu den Illustrationen in diesem Buch haben die Mitglieder der Ninja Re-Enactment Group von Iga-Ueno einen wesentlichen Beitrag geleistet, da sie so nett und geduldig für eine Fülle von Fotos posiert haben. Ganz besonders danke ich meiner Frau, die wie üblich bei der Suche und Sichtung der Fotos unschätzbare Arbeit geleistet hat.

**Anmerkung des Künstlers**
Es dürfte manchen Leser interessieren, dass die Zeichnungen, die für die Farbtafeln in diesem Buch angefertigt wurden, erworben werden können. Der Verlag behält sich das Copyright vor. Anfragen können gerichtet werden an:

Wayne Reynolds
20 Woodside Place
Burley
Leeds
LS4 2U
Großbritannien

Der Verlag weist darauf hin, dass die Korrespondenz in dieser Angelegenheit mit dem Künstler direkt geführt werden muss, nicht mit dem Verlag.

Anmerkung des Verlags
Sofern nichts anderes angegeben ist, stammen alle Abbildungen aus der Sammlung des Autors.

# Inhalt

## Teil 1:
## Japanische Kampfmönche 949-1603



## Teil 2:
## Ninja 1460-1650

# Japanische Kampfmönche 949 - 1603

## Einführung

Der Buddhismus wird im Westen weithin als eine sehr friedliche Religion angesehen, doch das war ganz und gar nicht das Bild, das die berühmten Kampfmönche des mittelalterlichen Japan vermittelten. Ab dem 10. Jahrhundert unterhielten die großen klösterlichen Einrichtungen von Nara und vom Hiei-Berg Privatarmeen, die mit ihrer religiösen und militärischen Macht die Höflinge und die Bürger der Hauptstadt in Angst und Schrecken versetzten. Neben Bogen und Schwertern waren diese Männer auch mit langen „naginata“ (Lanzenhellebarden) bewaffnet und wurden zwischen dem 10. und dem 14. Jahrhundert in zahlreiche Konflikte verwickelt, wobei sie mit dem gleichen Enthusiasmus den Kaiser verdammten und gegen Samurai kämpften.

Die Sengoku-Periode (das Zeitalter des Landes im Krieg) im 15. und 16. Jahrhundert brachte etliche Entwicklungen in der Kriegführung der japanischen Mönche mit sich. Die Wichtigste von ihnen war die Schmälerung des Einflusses der alten Mönchsarmeen von Nara und vom Hiei-Berg und ihr Ersatz durch neue populistische buddhistische Religionsgemeinschaften wie zum Beispiel Nichiren-shu und Shinshu. Letztere wurde sogar so mächtig, dass ihre Armeen selbst die Samurai-daimyo (Lehensfürsten) besiegten und sie eigene, unabhängige „Fürstentümer“ errichtete. Ihre „befestigten Klöster“ in Nagashima und Ishiyama Honganji nahmen es mit allen Samurai-Burgen auf, und Ishiyama Honganji trotzte der längsten Belagerung in der Geschichte Japans. Diese Glaubensgemeinschaften standen auch in vorderster Front, was technologische Entwicklungen betraf, und die Mönche von Negoroji waren für ihr Geschick im Umgang mit Feuerwaffen bekannt.

**Die Daibutsuden (Große Buddha-Halle) von Todaiji in Nara, das weltgrößte Holzgebäude unter einem einzigen Dach. Die heutige Konstruktion datiert aus dem Jahr 1709 und weist nur noch 40 Prozent der Größe des Originals auf.**

## Die ersten Kampfmönche, 949 - 1185

### Wer waren die Kampfmönche?

Bevor Ursprünge und Entwicklung der japanischen Kampfmönche beschrieben werden können, ist es zunächst erforderlich, einen Blick auf die Nomenklatur zu werfen. Das Wort, das üblicherweise mit „Kampfmönch“ übersetzt wird, lautet „sohei“ und besteht aus zwei Schriftzeichen. Das erste Zeichen „so“ steht für einen Buddhistenpriester oder -mönch. Das zweite, „hei“, bedeutet Soldat oder Krieger. „Kampfmönch“ kann somit auch als „Priestersoldat“ gelesen werden, ohne dass dies falsch wäre. Ein anderer Ausdruck, der in den Tagebüchern verängstigter Höflinge häufig Erwähnung findet, ist „akuso“ bzw. „böse Mönche“, der für sich spricht. Es ist jedoch wichtig, an dieser Stelle im Zusammenhang mit den Kampfmönchen die Verwendung eines Begriffs auszuschließen, nämlich den „yamabushi“. Damit wird speziell der Anhänger der Religionsgemeinschaft der Shugendo bezeichnet, deren bevorzugte spirituelle übung das Pilgern in den Bergen war und die niemals als Armee organisiert waren. Das Schriftzeichen „yama“ steht für Berg, und da viele der Konfrontationen mit Mönchen ihren Ursprung auf „dem Berg“ hatte, also im Klosterkomplex auf Mount Hiei im Norden der Hauptstadt, beziehen sich die überfälle durch „die Mönche vom Berg“, die in vielen höfischen Tagebüchern beklagt werden, auf die Sohei von Mount Hiei, nicht jedoch auf die Yamabushi.

Was die Übersetzung des Schriftzeichens „so“ als „Priester“ oder „Mönch“ angeht, sei angemerkt, dass im christlichen Glauben unterschieden wird zwischen einem Priester, der in einem heiligen Orden geweiht worden ist, und dem Mönch, der einer bestimmten Religionsgemeinschaft angehört, aber nicht zwangsläufig geweiht ist. Die Ritter des mittelalterlichen Preußen beispielsweise waren deutsche „Kampfmönche“, die gemeinschaftlich in befestigten Klöstern lebten, doch nur wenige von ihnen (die „Priesterbrüder“) waren auch geweiht. Alle ihre Kameraden, die demnach Laien waren, unterstanden denselben Klosterregeln hinsichtlich Armut, Keuschheit und Gehorsam.

In Japan war die Situation ganz ähnlich. Der Mittelpunkt einer Organisation aus Kampfmönchen und deren Aktivitäten war nie irgendein kleiner, abgeschiedener Buddhistentempel mit ein oder zwei ansässigen Priestern, sondern stets ein bestimmtes Kloster (in fast jedem Fall eine große Einrichtung), an das Tausende von Mönchen gebunden waren. Der Begriff „Mönch“ ist daher die beste Bezeichnung, die hier verwendet werden kann. Analog zu den deutschen Orden gab es auch hier Hunderte von Laien, die sich zu den klösterlichen Armeen hingezogen fühlten. Die späteren, populistischer angelegten Glaubensgemeinschaften der Sengoku-Periode waren fast ausschließlich Laienorganisationen unter religiöser Kontrolle. Trotzdem wird der Begriff „Kampfmönche“ in diesem Buch der Einfachheit halber verwendet, um die Streitkräfte zu bezeichnen, die mit den buddhistischen Institutionen Japans zwischen dem 10. und dem 16. Jahrhundert untrennbar verbunden waren.

## Enryakuji: Beschützer des Staates

Seinen Ursprung hat das Phänomen des japanischen Kampfmönchs in der Einführung des Buddhismus in Japan. Der Buddhismus kam von China herüber, und als er Japan erreichte, stellte er keineswegs eine Bedrohung für die in Japan heimischen Religionen dar, die heute als Shinto bekannt sind (der Weg der Götter), sondern vielmehr eine Ergänzung dar. Shinto umfasste die Anbetung Tausender von „kami“ (Gottheiten), die von den Buddhisten als Manifestationen Buddhas angesehen wurden. Daher konnten beide Konfessionen friedlich nebeneinander existieren. Die kaiserliche Familie, deren Angehörige ebenfalls als Kami betrachtet wurden, stand von Anfang an in engem Zusammenhang mit der Verbreitung des Buddhismus. Als Nara 710 die erste Hauptstadt Japans wurde, wuchsen die großen buddhistischen Tempel von Nara wie beispielsweise Todaiji und Kofukuji und übten erheblichen politischen Einfluss aus. In dieser Phase der Geschichte wurde ein derartiger Einfluss nie mit militärischen Mitteln durchgesetzt.

Eine wichtige Entwicklung nahm 794 ihren Lauf, als Kyoto zur kaiserlichen Hauptstadt erklärt wurde und diesen Status bis 1868 behielt, ehe er auf Tokio überging. Bevor die neue Stätte ausgewählt wurde, musste anhand sorgfältiger Nachforschungen sichergestellt werden, dass der neue Standort nach den Prinzipien des Feng Shui auch wirklich vertretbar war. Zum Feng Shui gehört der Glaube, dass das Böse eine Stadt aus nordöstlicher Richtung angreifen kann, da sich dort das „Dämonentor“ befindet. Im Nordosten Kyotos war ein Berg namens Hiei gelegen. Dort hatte es lange Zeit einen Schrein für einen Shinto-Kami namens Sanno gegeben, den „Bergkönig“. Das war ein ermutigendes Zeichen, doch auf dem Gipfel von Mount Hiei war erst sechs Jahre zuvor ein neuer Buddhistentempel namens Enryakuji errichtet worden. Gründer war der Mönch Saicho, der posthum unter dem Namen Dengyo Daishi bekannt war.

Saicho wurde 767 geboren und hatte sich von der beunruhigenden Staatsführung in Nara abgewendet, um auf einem Berg spirituelle Ruhe zu finden. Als die Hauptstadt dann nach Kyoto verlegt wurde, wartete bereits ein buddhistischer Tempel darauf, die Stadt aus der gefährlichsten Richtung zu beschützen.

**Dieses Modell im Todaiji zeigt, wie viel größer die Daibutsuden war, bevor sie von den Samurai der Taira niedergebrannt wurde, als sie 1180 die Kampfmönche angriffen.**

Enryakuji wurde schon bald in die Darbietung zahlreicher heiliger Rituale am kaiserlichen Hof einbezogen, und es sollte nicht lange dauern, da wurde der Tempel als „chingo kokka no dojo“ (Tempel zum Frieden und Schutz des Staates) bekannt.

Damit wurde Enryakuji zu einer der privilegiertesten Einrichtungen in Japan, und Saicho und seine Schüler erhielten aristokratische Unterstützung, um ihre eigene Tendai-Gemeinschaft des Buddhismus zu begründen. Diese neue Religionsgemeinschaft sollte außerhalb des Einflusses des Ministeriums für klösterliche Angelegenheiten operieren, das zu der Zeit von Nara dominiert wurde. Enryakuji kümmerte sich auch um die persönlichen Bedürfnisse des Kyotoer Adels, die den Tempel ihrerseits mit Reichtum überschütteten. Die Verwaltung dieser Vermögen und die Organisation von Enryakuji selbst lagen völlig im Privatbereich seiner Führer. Im 11. Jahrhundert erstreckte sich der Klosterkomplex auf Mount Hiei bereits über 3000 Gebäude. Enryakuji verfügte auch über Eigentum an anderen Orten in Japan und war damit tatsächlich als reich zu bezeichnen.

Auch wenn die Regierung keine direkte Kontrolle über Enryakuji besaß, gab es zwei Möglichkeiten, wie der Einfluss auf das Kloster ausgeübt worden sein könnte. Zunächst einmal behielt sich der Kaiser das Recht vor, den „zasu“ (oberster Abt) zu bestimmen, auch wenn das kein Privileg war, das er nach Belieben ausüben konnte. Wie wir noch sehen werden, betrafen die meisten der tempelinternen Kämpfe und der bewaffneten Demonstrationen der Kampfmönche in den Straßen von Kyoto jene Ernennungen, mit denen sie nicht einverstanden waren. Zweitens wurden die Ableger von Enryakuji, die als die „monzeki“ (Adelsklöster) bekannt waren, von Äbten geführt, die den wichtigsten Familien des Hofes entstammten.

## Die ersten Tempelstreitigkeiten

Es gab an sich keinen Grund, warum politische Unstimmigkeiten über die Angelegenheiten einer wichtigen religiösen Institution zwangsläufig zu einem bewaffneten Konflikt führen sollten. Doch Mitte des 10. Jahrhunderts entwickelten sich erbittert geführte Debatten über die kaiserliche Kontrolle hinsichtlich der Ernennungen zu Auseinandersetzungen zwischen rivalisierenden Mönchen und schließlich zum Einsatz von Waffen. Diese tempelinternen Dispute zwischen verschiedenen Fraktionen waren keine „religiösen Kriege“, wie wir sie aus dem Westen kennen. Es ging nicht um Themen, die irgendeine Doktrin oder ein Dogma betrafen, sondern ausschließlich um Politik. Die Feldzüge und Schlachten der Kampfmönche, die sich vom 10. bis zum 14. Jahrhundert ereigneten, betrafen fast ausschließlich Rivalitäten sowohl zwischen den Tempeln von Nara und Mount Hiei als auch innerhalb der Tempel. Die Beteiligung der Klöster an den Bürgerkriegen des 12. Jahrhunderts war wiederum eine ganz andere Angelegenheit, da sich zu der Zeit Samurai-Führer, die so viele Kämpfer wie möglich unter ihren Bannern versammeln wollten, die Unterstützung der Sohei-Armeen gesichert hatten, die ihr Handwerk beherrschten, weil sie sich gegenseitig bekämpft hatten.

Der erste maßgebliche Zwischenfall, bei dem Mönche Gewalt gegen andere Mönche anwendeten, ereignete sich 949, als 56 Mönche aus dem Todaiji von Nara sich vor der Residenz eines Regierungsbe-

**Ein ferne Ansicht des Mount Hiei aus dem Südosten vom Ufer des Biwa-Sees bei Otsu. Der Tempel liegt inmitten der Gipfel am Felskamm.**

**Die Rolle von Mount Hiei als spiritueller Beschützer der Hauptstadt wird in dieser Ansicht des Mount Hiei von der anderen Seite her deutlich. Wir blicken vom Fluss Kamo hinauf, der mitten durch Kyoto verläuft.**

amten in Kyoto versammelten, um gegen eine Ernennung zu demonstrieren, die ihren Unmut erregt hatte. Nun kann man eine Gruppe von dieser Größe wohl kaum als eine Armee von Kampfmönchen bezeichnen, doch in der sich anschließenden Auseinandersetzung kamen einige der Teilnehmer zu Tode. 968 richteten sich mehrere Demonstrationen gegen Mitglieder der Familie Fujiwara, doch hier wurde nicht wirklich Gewalt angewendet, vielmehr war mit religiöser Furcht durchsetzte Einschüchterung die Waffe, die zum Einsatz kam. Die Protagonisten in diesem Fall waren die Mönche von Kofukuji in Nara, jenem Tempel, der den nahe gelegenen Kasuga-Schrein kontrollierte, den Clansschrein der Familie Fujiwara.

Ein Streit über widersprüchliche Ansprüche auf Tempelland, für den Mönche aus Todaiji verantwortlich zeichneten, hatte 969 dagegen den Tod einiger Kofukuji-Mönche zur Folge. Es ist fast sicher, dass bei diesem Kampf Waffen eingesetzt wurden, so dass man sagen kann, dass die Zeit der Kampfmönche angebrochen war. Es war um 970, also etwa zur gleichen Zeit, dass den Aufzeichnungen zufolge Enryakuji in einen Streit mit dem Gion-Schrein in Kyoto verwickelt war und Gewalt anwendete, um die Angelegenheit aus der Welt zu schaffen. In der Folge beschloss Ryogen, der oberste Abt von Enryakuji, auf Mount Hiei eine feste Streitmacht zu unterhalten - die erste Armee aus Kampfmönchen.

Diese dramatische Entscheidung widersprach sowohl dem Wortlaut als auch dem Geist jener Erklärungen, die Ryogen zuvor hinsichtlich der klösterlichen Disziplin von sich gegeben hatte. Denn im Jahr 970 hatte er einen Kodex aus 26 Paragraphen ausgegeben, mit dem dem weit verbreiteten Amtsmissbrauch durch die Kleriker von Mount Hiei Einhalt geboten werden sollte. Dazu gehörten auch Regeln, dass Mönche während ihrer zwölfjährigen Ausbildung Mount Hiei nicht verlassen und sie ihr Gesicht nicht verbergen sollten. Danach war es Mönchen ferner verboten, Waffen zu tragen, körperliche Strafen auszuteilen oder religiöse Zusammenkünfte brutal zu stören. Das ist ein bemerkenswerter Widerspruch, der ein Hinweis darauf sein könnte, dass Ryogens Armee mit den eigentlichen Mönchen möglicherweise überhaupt nichts zu tun hatte. Die Neuankömmlinge könnten Söldner gewesen sein, keine Mönche. In diesem Punkt können die verfügbaren Quellen keine Klarheit schaffen. Wir können daher Ryogens ursprüngliche Rekrutierung von Kriegern auch so auslegen, dass es sich dabei um einen Vorfall handelt, bei dem eine Institution einen spezialisierten Wachdienst unter Vertrag nimmt - allerdings bereits im 10. Jahrhundert.

## Enryakuji und Miidera

Selbst wenn die ersten Kampfmönche nichts weiter als bezahlte Sicherheitsleute gewesen sein mochten, änderte sich das recht bald. Ryogens Verlangen nach Sicherheit bekam schnell eine aggressive Note. Einige der ersten bewaffneten Konflikte spielten sich daher auch auf und um Mount Hiei ab und wurden zwischen Männern ausgetragen, die allesamt Mönche waren.

In der Tendai-Glaubensgemeinschaft selbst hatte eine der frühesten und ernsthaftesten politischen Spaltungen ihre Wurzeln. Die Rivalität hatte ihren Ursprung in einer Folge von Streitigkeiten der Schüler Saichos untereinander, und im Jahre 868 war die Tendai-Religionsgemeinschaft in zwei verfeindete Gruppen gespalten worden, die sich beide nach bekannten Äbten benannten. Die erste Gruppe war mit

**Der Tempel Onjoji oder Miidera mit Blick auf den großen Rivalen auf dem Mount Hiei. Gegründet wurde der Tempel 774 als Ableger des Enryakuji. Viele Konflikte wurden zwischen den beiden Einrichtungen ausgetragen, und heute existieren von den einst 859 Gebäuden nur noch 60.**

Enryakuji verbunden und als die Sammonha (Tempeltor-Gemeinde oder auch Ennin-Fraktion) bekannt. Die zweite Gruppe dagegen war mit dem Tochtertempel Onjoji verbunden, besser bekannt als Miidera (Tempel der drei Brunnen), der unterhalb von Mount Hiei am Ufer des Biwa-Sees gelegen ist. Sie stellte die Jimonha (Tempel-Zweigstelle) oder auch Enchin-Fraktion.

966 wurde der einflussreiche Ryogen der Ennin-Gruppe Abt von Enryakuji. Weiter oben wurde erwähnt, dass er die erste Mönchsarmee von Enryakuji rekrutierte, doch er leistete auch einen großen Beitrag für Mount Hiei, indem er sowohl zum Lernen ermutigte als auch die klösterliche Disziplin verschärfte. Außerdem war er für einen großen Umbau verantwortlich, nachdem es einen schweren Brand gegeben hatte. Doch als Ryogen nicht daran dachte, einen Vertreter der Enchin-Fraktion einzuladen, um der Einweihung der wieder neu errichteten Kompon Chudo (große Halle) beizuwohnen, protestierten die Enchin-Mönche dagegen am kaiserlichen Hof. Der Kaiser wies Ryogen an, Yokei - Kopf der Enchin-Gruppe, der zugleich Abt von Miidera war - einzubeziehen, und Ryogen folgte dieser Aufforderung.

Die ersten gewalttätigen Auseinandersetzungen zwischen Ennin und Enchin ereigneten sich 981, als Yokei vom Kaiser zum Abt des Tempels Hosshoji bestimmt wurde. Die Ennin-Gruppe wandte ein, alle vorangegangenen Äbte dieses Tempels seien aus ihren Reihen bestimmt worden. Als sich der Hof weigerte, die Entscheidung rückgängig zu machen, begaben sich über 200 Mönche der Ennin-Fraktion in einer gewalttätigen Demonstration zur Residenz von Fujiwara Yoritada in Kyoto. Als die Ennin-Mönche auf den heiligen Berg zurückkehrten, waren die Rivalen von Enchin so eingeschüchtert, dass sie Mount Hiei fluchtartig verließen und anderswo Zuflucht suchten. Eine unerschütterliche Gruppe von 300 Enchin-Mönchen weigerte sich jedoch, klein beizugeben, und verbarrikadierte sich im Tempel Senjuin. Gerüchte kursierten, Ryogen sei im Begriff, einen bewaffneten Schlag gegen Senjuin zu befehlen. Ruhe kehrte erst wieder ein, als Yokei von seinem Posten als Abt des Hosshoji zurücktrat.

Acht Jahre später kam es erneut zu einer Auseinandersetzung, als Ryogen starb und die Ennin-Fraktion von der überraschenden Neuigkeit hörte, Yokei vom Miidera-Tempel solle der neue Abt von Enryakuji werden. Die Folge war ein praktisch kollektiver Wutausbruch, und die Ennin-Gruppe drohte damit, jeden Weg hinauf zum Mount Hiei zu blockieren, anstatt Yokei zu akzeptieren. Exakt so gestaltete sich auch die Szene, als ein kaiserlicher Gesandter eintraf, der die offizielle Bekanntmachung mit sich führte. Nachdem man ihn vertrieben hatte, traf ein zweiter Gesandter mit dem gleichen Befehl ein, doch ihm wurde das kaiserliche Dokument aus den Händen gerissen. Drei Wochen später wurde ein dritter Anlauf unternommen, als Fujiwara Arikuni am Mount Hiei eintraf und dabei von bewaffneten Samurai begleitet wurde.

Der Befehl des Hofs und eine Anklage hinsichtlich des Verhaltens der Mönche wurden laut verlesen und umgehend umgesetzt. Als Yokei dann jedoch sein Amt antrat, musste er feststellen, dass keiner der Mönche von Enryakuji auch nur eine Anweisung ausführte, die er erteilte. Angesichts eines solch geschlossenen Widerstands gab Yokei nach nur drei Monaten sein Amt auf.

993 rächten sich die Anhänger von Yokei an der Ennin-Fraktion, indem sich eine Gruppe von Mönchen zusammentat und zum Mount Hiei marschierte, um den Tempel niederzubrennen, in dem einst Ennin selbst gelebt hatte. Die Ennin-Gruppe übte Ver-

**Die moderne Tempelglocke von Miidera. Die historische Glocke, die man mit Benkei verbindet, wird in einer der Hallen aufbewahrt.**

**Der Tempel Enryakuji auf Mount Hiei, gegründet vom Mönch Saicho, einer zentralen Figur in der Geschichte der Kampfmönche. Wir blicken hier auf die Kompon Chudo (die große Halle), die das Herzstück des Enryakuji bildet. Die originale Kompon Chudo wurde von Saicho selbst erbaut, um das Abbild von Yakushi Nyorai (der heilende Buddha) zu beherbergen. Dieser Nachbau datiert aus dem Jahr 1642.**

geltung, indem sie überall auf dem Berg Stätten in Brand steckte, die historisch mit Enchin in Zusammenhang gebracht wurden. Dieser Angriff war so schwerwiegend, dass mehr als tausend Enchin-Mönche die Flucht ergriffen und auf Dauer im Miidera Unterschlupf fanden. Von diesem Zwischenfall an kann man von einem permanenten Riss zwischen dem Tempel-Zweig und dem Berg-Zweig reden.

## Die Rivalität hält an

Über 40 Jahre vergingen, in denen es keine weiteren nennenswerten Auseinandersetzungen zwischen Enryakuji und Miidera gab. So wie im Fall von Yokei ein Jahrhundert zuvor nahm der Vorfall von 1039 seinen Lauf, als der Abt von Miidera zum Zasu des Enryakuji ernannt wurde. Dreitausend aufgebrachte Mönche strömten vom Mount Hiei nach Kyoto und begaben sich zur Residenz von Fujiwara Yorimichi. Als der sich weigerte, die Entscheidung rückgängig zu machen, wurden die Tore zu seinem Anwesen eingetreten, woraufhin der entsetzte Regierungsvertreter die Samurai zu sich rief, damit sie die Ordnung wiederherstellten. Was folgte, war ein blutiger Kampf. Das Ergebnis war ein Sieg der Gewalt und Einschüchterung, da Yorimichi schließlich einlenkte und stattdessen den Kandidaten von Mount Hiei für das Amt bestimmte. Dieser Mann starb neun Jahre später, woraufhin Yorimichi abermals versuchte, einen Miidera-Kandidaten durchzusetzen, doch der Druck von Enryakuji sorgte dafür, dass die Amtszeit dieses Pechvogels ganze drei Tage betrug. Während des 12. Jahrhunderts gab es insgesamt sogar sieben Versuche, Äbte des Miidera in Enryakuji einzusetzen, doch in keinem Fall war dieses Bemühen von Erfolg gekrönt, da die Einschüchterungstaktiken der Mönche jedesmal zum Ziel führten.

Eine andere Sache, die eine gravierende Auseinandersetzung zwischen Enryakuji und Miidera auslöste, war die Frage, ob Miidera das Recht besaß, seine eigenen Mönche zu weihen. Der Vorfall von 1039, als dem Abt von Miidera die Abtschaft über Enryakuji verweigert worden war, führte dazu, dass diese Frage dem kaiserlichen Hof zur Entscheidung vorgelegt wurde. Es gab erkennbar praktische Gründe für dieses Vorgehen, da die Novizen aus Miidera verständlicherweise nicht daran interessiert waren, die Feindseligkeiten zwischen den beiden Institutionen eskalieren zu lassen, nur damit sie geweiht wurden. Enryakuji protestierte aus religiösen und politischen Gründen, während die Tempel von Nara aus reinem Eigennutz zu Miidera standen.

1074 führte die Frage der Weihe zu einem brutalen Angriff auf Miidera, der von einer Armee von Mount Hiei verübt wurde. Die Atmosphäre war anschließend so aufgeheizt, dass eine minimale Veränderung bei einem Schrein-Fest zu einer weiteren Attacke auf Miidera führte, die sich 1081 ereignete. Auch in den Jahren 1121 und 1141 gab es Angriffe auf Miidera, bei denen die Gebäude in Brand gesteckt wurden. Daraufhin sorgten die Führer von Miidera dafür, dass ihre Novizen ab sofort im Tempel Todaiji in Nara geweiht wurden. Als Enryakuji gegen diesen Bruch mit der Tradition protestierte, wies der Tempel Kofukuji darauf hin, dass sogar Saicho, der Gründer von Enryakuji, in Nara geweiht worden war. Diese der Wahrheit entsprechende Bemerkung führte auf Mount Hiei zu einem solchen Wutausbruch, dass die Kampfmönche sich nach Miidera begaben, um dort zum vierten Mal innerhalb eines Jahrhunderts alles niederzubrennen.

Trotz dieser anhaltenden Rivalität und der ständigen Konflikte gab es aber auch Gelegenheiten, bei denen Enryakuji und Miidera sich bereitwillig zusammenschlossen, um gegen einen Dritten vorzugehen. So erfahren wir, dass sie sich 1081 geschlossen gegen Kofukuji aus Nara stellten. Bei diesem Zwischenfall brannte Kofukuji Miidera nieder und machte eine beträchtliche Beute, doch später im gleichen Jahr schien diese Allianz bereits wieder vergessen, da Enryakuji nach dem erwähnten Schrein-Fest Miidera in Schutt und Asche legte. 1113 setzte Enryakuji den Kiyomizudera in Kyoto in Brand, da ein Rivale zum Abt ernannt worden war. Bereits 1117 gingen Enryakuji und Miidera in einem Zwischenfall, der im Heike Monogatari beschrieben wird, wieder vereint gegen Nara vor. In dem großen Epos über die Kriege im 12. Jahrhundert wird der ehemalige Kaiser Go Shirakawa-In mit den traurigen Worten zitiert: „Es gibt drei Dinge, die sich meiner Kontrolle entziehen: die Stromschnellen des Kamo-Flusses, die Würfel beim Spiel und die Mönche aus den Bergen."

**Das Bergtor Torii des Hiyoshi-Schreins am Fuß des Mount Hiei, in dem Sanno eingeschreint ist, der Bergkönig-Gott. Die Protestmärsche der Mönche nach Kyoto führten unweigerlich durch dieses Tor. Der ungewöhnliche Stil des Torii mit dem Giebelaufsatz ist nur an diesem Schrein zu finden.**

## Die Kampfmönche im Gempei-Krieg

Etwa ab dem Jahr 1180 gehen die Aktivitäten der Kampfmönche im Gempei-Bürgerkrieg unter, der zwischen den rivalisierenden Samurai-Clans Taira und Minamoto ausgetragen wurde. Beide Seiten umwarben die klösterlichen Armeen, ihre eigenen Streitkräfte zu verstärken, und an einem der ersten großen Konflikte dieses Krieges, der Schlacht von Uji, waren Kampfmönche in ganz erheblichem Maß beteiligt.

Kiyomori war der Führer des Taira-Clans. Seine Rivalen des Minamoto-Clans hatten sich die Dienste eines Thronbewerbers gesichert, eines gewissen Prinz Mochihito, der 1180 eine Rebellion gegen die Taira angezettelt hatte. Die Reaktion erfolgte umgehend, und Prinz Mochihito floh aus Kyoto zum Tempel von Miidera, dicht gefolgt von den Taira-Samurai. Miidera richtete ein Hilfeersuchen an Enryakuji und an die Tempel von Nara, doch Enryakuji reagierte arrogant und abweisend auf Miideras Formulierung, die beiden Tempel seien wie ‚die zwei Flügel eines Vogels' - die alte Rivalität war noch längst nicht vergessen. Erschwert wurde die Situation dadurch, dass Taira Kiyomori inzwischen Enryakuji tatkräftig bestach, indem er großzügige Geschenke in Form von Reis und Seide machte. Der Tempel Kofukuji von Nara antwortete positiver und schrieb: „Wir warten auf Euer Signal zum Vorrücken. Denkt an unseren Brief und zweifelt nicht an uns." Doch Nara war weit entfernt, und so sah sich Miidera allein mit der Bedrohung konfrontiert, die von der Taira-Armee ausging.

Die Verwirrung im Lager der Rebellen wurde bald offensichtlich, als ein mutiger Plan, einen nächtlichen Angriff auf das Taira-Hauptquartier zu starten, von einem Mönch zunichte gemacht wurde, dessen Sympathien auf der Seite der Taira lagen. Es gelang ihm, alles so zu arrangieren, dass die Armee von Miidera zu spät eintraf. Mitverantwortlich für diese Verzögerung war jedoch auch etwas anderes: Als Prinz Mochihito nach Miidera gekommen war, hatte man ringsherum so sichere Barrikaden errichtet, dass nun zunächst ein Teil der eigenen Verteidigungslinie eingerissen werden musste, um überhaupt nach draußen

**Rechts: Die fünfstöckige Pagode des Tempels Kofukuji in Nara, vom Teich von Sarusawa aus gesehen. Dieser Teich wird in zahlreichen Berichten über die Gefechte der Kampfmönche in Nara erwähnt.**

**Unten: Die fünfstöckige Pagode des Kofukuji in Nara. Das Original wurde 725 erbaut, dieses Bauwerk stammt von 1426. Sie ist die zweithöchste Pagode Japans.**

gelangen zu können. Die enttäuschte Armee kehrte nach Miidera zurück und hielt einen Kriegsrat ab. Nachdem die Angriffspläne aufgegeben worden waren, beschloss die glücklose Minamato/Miidera-Allianz, es sei das Beste, nach Süden zu ziehen und sich mit den Nara-Mönchen zusammenzuschließen. Am nächsten Morgen kam es zur Schlacht von Uji (die weiter unten im Abschnitt über die Kampferfahrung der Mönche beschrieben wird). Trotz des Mutes, den sowohl Mönche als auch Samurai an den Tag legten, scheiterte die Rebellion.

Nach der Schlacht entschied Taira Kiyomori, die Kampfmönche von Miidera dürften niemals vergessen, welch unerfreuliche Allianz sie eingegangen waren. Tomomori, einer der Söhne von Kiyomori, führte einen äußerst zerstörerischen Angriff an, doch auf die Tempel von Nara wartete noch weitaus Schlimmeres. Sie hatten vielleicht nicht genug Zeit gehabt, um in den Krieg einzugreifen und die Rebellion zu unterstützen, aber sie waren auch nicht gegen sie eingestellt gewesen. Zunächst verhielt sich Kiyomori zurückhaltend und schickte eine Streitmacht von 500 Mann los, die den Befehl hatte, Gewalt nur dann anzuwenden, wenn es unvermeidbar war. Die Mönche griffen die Abordnung an. Sechzig Samurai wurden getötet, ihre Köpfe wurden am Ufer des Teichs von Sarusawa gegenüber dem Südtor von Kofukuji zur Schau gestellt. Kiyomori schickte sofort seinen Sohn los, um die gesamte Stadt Nara zu unterwerfen. Dass nachfolgend Nara in Schutt und Asche gelegt wurde, erschütterte jeden rings um Mount Hiei. Enryakuji war damit die einzige Institution von Kampfmönchen, die noch nicht niedergebrannt worden war. Als der Minamoto-Führer Kiso Yoshinaka nach Enryakuji kam, beschützten ihn die Mönche eine Zeit lang, doch sie wagten es nicht, sich an seinen militärischen Feldzügen zu beteiligen.

# Die Kampfmönche im Wandel, 1185 - 1467

Einer der hartnäckigsten Mythen, der die Kampfmönche umgibt, besagt, dass der Flammentod von Nara ihr Ende als Streitmacht besiegelte. Es stimmt, dass es während der restlichen Zeit des Gempei-Krieges so gut wie keine weiteren klösterlichen Einmischungen in die Kämpfe gab - auch wenn es heißt, dass ein bewaffnetes Kontingent des Kumano-Schreins 1185 bei Dan no Ura kämpfte -, jedoch erlebten ihr Einfluss und ihr Kampfgeist schließlich eine Erholung. Das Prestige von Enryakuji war einfach zu groß, um auf lange Sicht unterdrückt zu werden.

So wie die Klöster wieder an Selbstvertrauen und Stärke gewannen, so erging es auch den Rivalen. Daher verwundert es nicht, wenn man darüber liest, dass 1239, 1264 und 1291 zwischen Enryakuji und Miidera abermals Uneinigkeit über bestimmte Ernennungen herrschte. Es ist nicht mit Gewissheit zu sagen, ob diese ständigen Streitigkeiten zu einem bewaffneten Konflikt führten, doch im Shokyu-Krieg von 1221 beteiligten sich die Mönche von Nara an verschiedenen Auseinandersetzungen. Die Minamoto, die ihren Clan zu Militärdiktatoren per Erbfolge gemacht hatten, nachdem sie aus dem Gempei-Krieg als Sieger hervorgegangen waren, hatten ihre Stadt wieder aufgebaut. Ihre Basis hatten sie im fernen Kamakura, und man kannte sie durch ihren Titel als Shogun. Sie schmälerten die kaiserliche Macht und reduzierten den Kaiser von Japan zu nichts weiter als ihrer Marionette.

Das neue Nara mit einem prachtvollen (wenn auch kleineren) Todaiji, das einen weiteren Großen Buddha und einen schönen neuen Kofukuji-Tempel beherbergte, sollte nie wieder von Kämpfen erschüttert werden. Stattdessen zeigt der nachfolgende Zwischenfall aus dem Azuma Kagami über den Shokyu-Krieg, wie weit die Mönche von Nara von den Tagen der Sohei-Armee entfernt waren. Die Nara-Mönche hatten die Rebellen unterstützt und sahen sich nun Vergeltungsmaßnahmen gegenüber:

> *Tokifusa und Yasutoki riefen mehrere tausend Krieger aus der Hauptstadt und den angrenzenden Provinzen zusammen ... und entsandten sie nach Nara. Die Nachricht von dieser Entwicklung sorgte bei den Priestern für große Bestürzung. ... Wenn Krieger nach Nara vordrangen, würde das Ergebnis das Gleiche sein wie bei den Taira, die die großen Tempel in Brand gesteckt hatten. Bewegt vom innigen Flehen der Mönche, machten sich die Krieger auf den Weg zurück in die Hauptstadt.*

**Die Tokondo oder Östliche Große Halle des Kofukuji in Nara. Das Originalgebäude entstand 726 und wurde während des Gempei-Krieges niedergebrannt. Der Nachbau datiert von 1415.**

Nara blieb damit verschont, und der Shokyu-Krieg erwies sich als der einzige große Konflikt, der Japan im 13. Jahrhundert heimsuchte, wenn man von den bekannten Invasionen der Mongolen absieht. Möglicherweise ist es so, dass das starke religiöse Element, das beim Widerstand gegen die mongolischen Invasoren zum Tragen kam - darunter auch die direkte göttliche Einmischung in Form des „kami kaze", des „göttlichen Sturms" - und die mongolische Flotte zu versenken half, erklärt, warum es aus dieser Zeit keine Berichte über interne religiöse Auseinandersetzungen gibt. Enryakuji spielte aber auch in nicht-religiöser Hinsicht eine Rolle im Alltag der Bürger von Kyoto. Um 1280 kontrollierten der Enryakuji-Komplex und alle seine Ableger achtzig Prozent der Sake-Brauer und der Geldverleiher (die oft in ein und demselben Geschäft anzutreffen waren) in Kyoto. Der Tempel hatte auf diese Weise hohe Einnahmen, bot im Gegenzug den Geschäftsleuten aber auch Schutz an und übte Druck auf säumige Schuldner aus.

Im Jahre 1308 zeigte sich Enryakuji wieder einmal mehr von einer altbekannten Seite, als der Widerwillen gegen eine Entscheidung des Shogunats Kamakura hinsichtlich einer Ernennung kundgetan wurde. Der Groll mag dem der früheren Konflikte mit dem kaiserlichen Hof ähnlich gewesen sein, doch die Art und Weise, wie dem Protest Ausdruck verliehen

Der Kasuga-Schrein in Nara war eng mit dem Kofukuji verbunden. Da es sich um den Schutz-Schrein der Fujiwara handelte, waren die Kofukuji-Mönche in der Lage, durch Kasuga beträchtlichen politischen und religiösen Einfluss auszuüben.

wurde, hatte ein völlig anderes Format. Diesmal schloss Enryakuji seine Tempel auf Mount Hiei und setzte den Hiyoshi-Schrein in Brand. Vier Jahre später dagegen kam es zu einem weitaus gewohnteren Protest, als die Enryakuji-Mönche nach Kyoto marschierten und Druck auf den kaiserlichen Hof ausübten. Die wahren Herrscher Japans in Kamakura betrachteten jedoch Mount Hiei nicht länger als den Beschützer des Staates. Diese Militärs hatten ihr Hauptaugenmerk auf die Zen-Glaubensgemeinschaft gelegt, und viele Samurai sahen in Mount Hiei nichts anderes als eine Zuflucht für Kriminelle. Alle Tempel wurden aufgefordert, derartige Schurken auszuliefern, doch nur wenige waren dazu bereit. Die Regierungsvertreter waren noch immer von solcher Furcht vor der Tradition der Kampfmönche erfüllt, dass sie es nicht wagten, sich ohne die Erlaubnis der Mönche auf den Berg zu begeben.

## Der Prinz der Großen Pagode

Während des Shokyu-Krieges hatte auf Mount Hiei Ruhe geherrscht, aber während der Nanbokucho-Kriege des 14. Jahrhunderts war das Kloster Zufluchtsstätte für den Sohn des Kaisers Go-Daigo. Go-Daigo versuchte, die alte kaiserliche Macht wiederherzustellen, die vom Shogun verdrängt worden war. Sein Sohn ist als der „Prinz der Großen Pagode“ in die Geschichte eingegangen, und die Kampfmönche waren seine ersten Verbündeten. Berichte über seine Operationen zeigen, dass die Mönchsarmeen so gut bewaffnet und so selbstbewusst waren wie ihre Vorgänger - und fast genauso erfolglos. Es kam zu kurzen, aber heftigen Kämpfen (siehe unten), ehe Go-Daigos Aufstand zerschlagen wurde. Der Krieg erstreckte sich noch über eine ganze Reihe von Jahren und wurde von loyalen Samurai des Kusunoki-Clans geführt, doch wie es scheint, wurden Kampfmönche kaum oder gar nicht mehr eingesetzt.

## Enryakuji kontra Zen

Das Ergebnis der Nanbokucho-Kriege war die Einführung eines neuen Shogunats durch die Familie Ashikaga. Der Sitz des Shogun wurde nach Kyoto zurückverlegt, wo die neuen Herrscher der Zen-Glaubensgemeinschaft eindeutig den Vorzug vor anderen buddhistischen Institutionen gaben. Das führte natürlich zu Protesten aus der Enryakuji-Hierarchie, die besonders besorgt war, da es Pläne gab, einen kaiserlichen Palast im Westen Kyotos in ein Zen-Kloster umzuwandeln. Der neue Tempel, der den Namen Tenryuji trug, wurde 1344 fertig gestellt. Nachdem sich Enryakuji die Unterstützung durch Todaiji und Kofukuji gesichert hatte, war für 1345 ein Protestmarsch auf Kyoto geplant. Doch der Shogun ließ sich - anders als die früheren Kaiser - nicht davon beeindrucken und drohte damit, die wichtigsten Äbte von Enryakuji ihres Amtes zu entheben und alle Besitztümer zu konfiszieren, sollte die Demonstration durchgeführt werden. Enryakuji gab klein bei.

Rund zwanzig Jahre später kam es 1367 zu einem schwerwiegenderen Zwischenfall, als ein Novize von Miidera getötet wurde, weil er unter Gewaltanwendung versucht hatte, eine Zollschranke in der Provinz Omi zu umgehen, die vom Zen-Tempel Nanzenji errichtet worden war. Bewaffnete Mönche aus Miidera machten sich daraufhin auf den Weg, um die

Schranke niederzureißen. Die war mit offizieller Genehmigung errichtet worden, um Gelder einzutreiben, mit denen das Haupttor von Nanzenji wiederaufgebaut werden sollte. Dies war keineswegs eine ungewöhnliche Vorgehensweise, und tatsächlich besaß Enryakuji selbst die Kontrolle über einige Zolltore nahe Sakamoto am Fuß des Mount Hiei. Auf beiden Seiten kamen mehrere Mönche ums Leben, und als der Shogun aus Vergeltung Truppen gegen Miidera entsandte, mussten die feststellen, dass Miidera nun von Kampfmönchen von Enryakuji und Kofukuji unterstützt wurden. Diesmal musste der Shogun klein beigeben.

1368 beging der Abt von Nanzenji den Fehler, eine Streitschrift zu verfassen, in dem er die Tendai-Mönche als „Affen und Kröten" bezeichnete. Das führte dazu, dass er auf Befehl des Shogun ins Exil gehen musste, doch für Enryakuji genügte das nicht. Vielmehr wurde die Forderung aufgestellt, Nanzenjis neues Tor solle abgerissen werden. Um den Protest weithin kundzutun, tauchten die Mönche auf den Straßen von Kyoto mit ihrem heiligen Mikoshi auf, ein Anblick, der seit Jahrhunderten nicht mehr beobachtet worden war. Sie führten einen blutigen Kampf gegen die Samurai des Shogun, doch das Ergebnis war höchst zufriedenstellend. Nanzenjis Tor wurde 1369 niedergerissen, und das Shogunat erklärte sich außerdem bereit, für die Reparatur der Schreine aufzukommen, die während der Straßenkämpfe beschädigt worden waren.

**Der schöne Große Buddha von Nara im Inneren der Daibutsuden des Todaiji. Das Original datiert aus der Zeit zwischen 745 und 749. Die Statue wurde zweimal neu gegossen, nachdem die erste während der Schlacht 1180 zerstört worden war. Bei einem Feuer im Jahre 1567 wurde sie erneut zerstört. Die Maße: Höhe 25 m, Gesicht 5 m, Daumen 1,50 m, Gewicht 551 Tonnen. Sie besteht aus einer Legierung aus Bronze, Quecksilber und Feingold.**

# Die Kampfmönche in der Sengoku-Periode, 1467 - 1602

Im Verlauf der nächsten hundert Jahre mischten die Kampfmönche von Mount Hiei weiter in der Politik mit, bis ein großer Ruck die Lage in der japanischen Gesellschaft für immer veränderte. Zu Beginn schien sich der Onin-Krieg, der 1467 seinen Anfang nahm, nicht von den anderen Konflikten zu unterscheiden, die aus der Rivalität zwischen zwei Samurai-Familien entstehen konnten. Doch im Onin-Krieg waren zwei wichtige Aspekte zu beachten. Erstens wurde er zunächst in Kyoto selbst ausgetragen, was zu großflächigen Zerstörungen und zur Störung der Regierungsgewalt führte. Zweitens griffen die Kämpfe auf die Provinzen über, wo man recht schnell merkte, dass der Einfluss des Shogun rasch im Sinken begriffen war. Lokal einflussreiche Persönlichkeiten, die „daimyo" (große Namen), nutzten die Gesetzlosigkeit der Stunde und schufen kleine Königreiche, in denen sie selbst herrschten. Für Japan begannen damit eineinhalb Jahrhunderte Krieg, eine Zeit, die heute als Sengoku-Periode bekannt ist, das „Zeitalter des Landes im Krieg".

## Der Aufstieg der Ikko-ikki

Anfangs hielten sich die alten Kampfmönch-Institutionen von Mount Hiei aus den Konflikten heraus, die sich um sie herum abspielten. Doch schon bald mussten sie erkennen, dass durch das Chaos in den Provinzen neue Armeen aus Kampfmönchen gebildet wurden, die sich als äußerst erfolgreich erwiesen. Die meisten dieser Bewegungen hatten nichts mit den alten buddhistischen Glaubensgemeinschaften von

**Links: Das Nandaimon (das südliche große Tor) des Todaiji in Nara. Dieser Nachbau stammt aus dem Jahr 1195 und ist Teil der Arbeit Minamotos, durch die der Schaden behoben wurde, den der Taira-Angriff auf Nara verursacht hatte. Das Nandaimon ist das einzige Gebäude des Komplexes, das noch immer seine ursprüngliche Größe aufweist. Man kann sich bei seinem Anblick leicht vorstellen, wie die Kampfmönche darunter hindurchmarschierten.**

**Unten: Die Klinge einer Naginata, der traditionellen Waffe der Kampfmönche. Bei dieser Version ist die Klinge etwas kürzer.**

Tendai oder Shingon zu tun, erhielten ihre Unterstützung aber aus dem Buddhismus der populistischen Gemeinschaften, die die Menschen anzusprechen verstanden und die ihre Leute vorwiegend aus dem Bauerntum rekrutierten. Weiter unten werde ich noch ausführlicher auf ihren Glauben eingehen, doch für den Moment sollte darauf hingewiesen werden, dass sie anstelle von Gelehrten Fanatiker hervorbrachten - religiöse Fundamentalisten, die bereit waren, für ihren Glauben zu sterben. Diese auf Glauben basierenden Gemeinden aus Priestern, Bauern, Familien und Kindern mussten keine Söldner rekrutieren, so wie es zuvor Enryakuji hatte machen müssen. Wer glaubte, der war zugleich auch Krieger. Auch wenn die große Mehrheit der Armeen sich nicht aus Mönchen im herkömmlichen Sinn zusammensetzte, machten das peinlich genau beachtete, rituelle Verhalten, die mit Enthusiasmus erworbene militärische Ausbildung und die Hingabe zur Sache sie zu den neuen heiligen Kriegern Japans.

Viele dieser neuen Kampfmönche gehörten zur Religion des Shinshu und bildeten Gemeinschaften, die als Ikko-ikki bekannt waren. Der zweite Teil des Namens, „ikki“, bedeutet streng genommen einen Bund, konnte später aber auch mit Aufstand übersetzt werden. Es war der aufständische Mob, durch den die Ikko-ikki sich erstmalig den Samurai-Oberen bekannt machten. Das erste Wort, „Ikko“, gibt einen Hinweis auf die religiöse Zugehörigkeit. Es steht für „zielstrebig“ oder „treu ergeben“. Die „monto“ (die Jünger oder Anhänger der Shinshu-Religionsgemeinschaft) waren in ihrer Hingabe und Entschlossenheit auch exakt so vollkommen zielstrebig.

Ihr Anführer Rennyo war nach Norden in die Provinz Kaga geflohen, um dem Einfluss von Mount Hiei zu entkommen. Hier richtete er sein neues Hauptquartier ein, und schon bald wurden seine Anhänger in das Ringen um die Vorherrschaft verstrickt, das sich in den Wirren nach dem Onin-Krieg in der Provinz Kaga zwischen verschiedenen Samurai-Clans abspielte. 1488 erhoben sich Rennyos Ikko-ikki gegen die Samurai-Herrschaft, und nach einer Reihe heftiger Scharmützel ging die Kontrolle über Kaga auf sie über. Zum ersten Mal in der Geschichte Japans herrschte eine Gruppierung über eine Provinz, die weder zu den Höflingen noch zu den Samurai gehörte. Es war ein berauschende Zeit für die Ikko-ikki, und als das 15. Jahrhundert sich dem Ende zuneigte, breitete sich die Glaubensgemeinschaft über die Grenzen von Kaga hinaus weiter aus und konnte sich an einer ganzen Reihe wichtiger Standorte etablieren, unter anderem in Nagashima und Ishiyama Honganji. Letztgenannter Standort bot alles, was erforderlich war für die Organisation einer Armee aus Fanatikern, die für die nächsten hundert Jahre die Ressourcen so manchen Samurai-Generals auf eine harte Bewährungsprobe stellen sollte.

Das große Tor vom Koyasan, des Exiltempels, der von Kobo Daishi gegründet worden war.

## Die Ikko-ikki von Mikawa

Ein weiteres wichtiges Zentrum der Aktivitäten der Ikko-ikki war die Provinz Mikawa. Mehrere Tempel, darunter drei in Okazaki - Shomanji, Joguji und Honsoji -, verfügten über Ikko-ikki-Armeen. Das zu ihrem Tempel gehörende Land grenzte an das Territorium des zukünftigen Shogun Tokugawa Ieyasu. Seinen erfolgreichen Feldzügen gegen die Mikawa-Monto war es zu verdanken, dass Ieyasu jenes militärische Geschick erlernt hatte, das ihm in den kommenden Jahren noch so von Nutzen sein sollte.

Tokugawa Ieyasu befürchtete, die Mikawa-Monto könnten versuchen, mit seiner Provinz das zu machen, was Rennyos Männer in Kaga angerichtet hatten. Daher zog der junge Ieyasu in der Schlacht von Azukizaka 1564 gegen die Mönchsarmeen. Ieyasus großer Vorteil bestand darin, dass zu den Ikko-ikki-Anhängern auch Samurai zählten, die der Shinshu-Religionsgemeinschaft angehörten, deren Loyalität ganz erheblich gespalten war. Einige von ihnen waren zudem Vasallen von Ieyasu. Ihre religiöse Neigung ließ sie zunächst auf der Seite der Ikko-ikki stehen, doch mit fortschreitender Zeit erwies sich die traditionelle Loyalität der Samurai gegenüber dem Fürst als die stärkere Kraft, und viele von denen, die so wie Ishikawa Ienari die Seiten wechselten, entwickelten sich zu Ieyasus vertrauenswürdigsten Gefährten. Es erübrigt sich fast, zu erwähnen, dass diese Loyalität nicht bis hinab zu den Bauern reichte, die den größten Teil der Ikko-ikki-Armeen ausmachten. Für sie war jeder Samurai letztlich ein Feind, dem die Macht in der Provinz entrissen werden musste.

Ieyasu profitierte auch von der Unterstützung, die er von seiner eigenen, speziellen Buddhismus-Gemeinschaft erhielt, der Jodo-shu, jener ursprünglichen Amidismus-Glaubensgemeinschaft, aus der Shinshu entstanden war. Daijuji, der Tempel, in dem Ieyasus Vorfahren beerdigt waren, repräsentierte Jodo in Okazaki. Im Jahre 1564 entsandte der Daijuji ein Kontingent Jodo-Kampfmönche, die für Ieyasu kämpfen sollten. Mit ihrer Hilfe wurden die Ikko-ikki von Mikawa schließlich vernichtend geschlagen. Eine anschließende Friedenskonferenz ergab, dass Ieyasu ihre Tempel wieder in den ursprünglichen Zustand versetzte. Das machte er mit großem Eifer, indem er jeden einzelnen Tempel einen Raub der Flammen werden ließ und erklärte, der ursprüngliche Zustand sei eine grüne, unbebaute Wiese gewesen.

## Oda Nobunaga und die Ikko-ikki

Die Wiedervereinigung Japans begann mit den Feldzügen von Oda Nobunaga, der nach seinem Sieg bei Okehazama im Jahre 1560 mit einem Mal bekannt wurde. Die Jahre zwischen 1570 und 1581 waren von Oda Nobunagas größten Leistungen gekennzeichnet - die Schlachten von Anegawa und Nagashino, die Invasion der Provinzen Ise und Iga, der Bau der Burg Azuchi. All diese Feldzüge und Vorstöße wurden vor dem Hintergrund einer permanenten Bedrohung der Ikko-ikki unternommen, mit denen es sporadisch auch zu Gefechten gekommen war. Durch die Beschwichtigung durch die Ikko-ikki von Mikawa weiteten sich die Ikko-ikki-Aktivitäten mehr westwärts aus, in Richtung der großen Anlagen von Nagashima und Ishiyama Honganji. Im Vergleich zu den abgelegenen Tempeln von Mikawa waren dies wirklich starke Anlagen. Beide verfügten über eine komplexe Reihe von Palisadenfestungen rings um die Burg und waren in einem Flussdelta gelegen. Durch ihre Lage kontrollierte Nagashima die Straße aus der Provinz Owari nach Ise - und damit südlich des Biwa-Sees die Hauptverbindungswege zwischen Nobunagas geschützten Territorien und der Haupt-

**Kiyomizudera, der „Tempel auf Stelzen", der von den Einwohnern Kyotos ganz besonders geliebt wird. Kiyomizudera wurde bei einem der Angriffe der Kampfmönche auf Kyoto in Schutt und Asche gelegt.**

**Kannushi (Shinto-Priester) transportieren einen so genannten Mikoshi, einen tragbaren Schrein. Die Kampfmönche trugen diese Schreine bis nach Kyoto, um ihrem Protest durch die Präsenz von Gottheiten Nachdruck zu verleihen. Dieses Foto entstand bei einem Schrein-Fest auf der Insel Ikitsuki.**

stadt. Ishiyama Honganji befand sich dort, wo heute die Burg Osaka steht, nämlich an der Einmündung des Kisogawa in die Inlandssee [Setonaikai].

## Die Lotus-Krieger

Bevor ausgeführt werden kann, wie Nobunaga die Kampfmönche der Ikko-ikki anging, ist es erforderlich, auf zwei andere Manifestationen von Kampfmönchen zu sprechen zu kommen: einer neuen und einer sehr alten.

Wie bereits ausgeführt, reagierte Enryakuji verärgert auf den wachsenden Einfluss der Zen-Gemeinschaft des Buddhismus in Kyoto, doch im Jahr 1500 sah Enryakuji seine traditionelle Vorherrschaft durch das Auftauchen einer anderen populistischen Buddhisten-Gemeinschaft gefährdet. Es handelte sich um die Nichiren-shu, auch bekannt als Hokke-shu oder Lotus-Religionsgemeinschaft. Die Hokke-shu waren besonders in Kyoto erfolgreich gewesen, wo ihre Lehren bei den Handwerkern und den Kaufleuten auf Zustimmung stießen. Doch dies war die Sengoku-Periode, und die 21 Nichiren-Tempel in Kyoto waren zum Schutz von Burggräben und Erdwällen umgeben. Mit den Tempeln verbunden waren die Anhänger von Nichiren, die analog zu den Ikko-ikki-Gemeinden ihre eigenen, selbstverwalteten und sich selbst verteidigenden Organisationen gebildet hatten.

Man könnte sich versucht fühlen, die Lotus-Glaubensgemeinschaft der Städter in Kyoto und die Ikko-ikki der Provinzen als die beiden Seiten einer Debatte „Stadt" kontra „Land" vorzustellen. Das ist auch gar nicht mal so verkehrt, und es wäre auch sicherlich dieser Eindruck entstanden, als eine Armee der Ikko-ikki 1528 auf Kyoto marschierte. Doch welche Absicht steckte dahinter? War es eine Bauernrevolte, weil die Hokke-shu sich der Unterstützung der Samurai in Kyoto sicher sein konnten? Oder war es schlichtweg ein Angriff mit Plünderungsabsicht? In der japanischen Hauptstadt gab es noch immer reiche Beute zu machen, und das Vorrücken der Ikko-ikki beunruhigte den Shogun Ashikaga Yoshiharu so sehr, dass er fluchtartig die Stadt verließ. Im Gegensatz dazu kümmerten sich die Bürgerarmeen der Lotus-Gemeinschaft nicht darum, aus welchem Grund sie angegriffen wurden, sondern griffen zu den Waffen, marschierten unter dem Nichiren-Banner durch die Straßen und sangen Verse aus dem Lotus Sutra. Als die Ikko-ikki die Stadt erreicht hatten, wurden sie erfolgreich wieder vertrieben.

Fünf Jahre darauf schlossen sich die Lotus-Krieger mit der lokalen Größe Hosokawa Harumoto zusammen, um einen Schlag gegen die Ikko-ikki zu führen. Ihr Ziel war Ishiyama Honganji, ein Ort, der durch einen Sturmangriff unmöglich zu erobern war. Doch darum ging es auch nicht. Eine Demonstration der Stärke war das Einzige, was erreicht werden sollte. Wie von den Lotus-Kriegern erwartet, ließen die Ikko-ikki Kyoto von da an in Ruhe, so dass der Shogun 1534 an seinen angestammten Platz zurückkehren und sich des Rückhalts seiner Bürger sicher sein konnte.

Zwar waren die Ikko-ikki davon überzeugt worden, sich von Kyoto fernzuhalten, doch der aggressive religiöse Fundamentalismus der Lotus-Glaubensgemeinschaft und ihre heftige Verteidigung der Eigentumsrechte machten einer religiösen Institution Sorgen, die viel näher angesiedelt war. Die Mönche von Enryakuji waren der Ansicht, dass sie durch diese Emporkömmlinge aus dem Machtzentrum gedrängt worden waren. Getreu dem Vorbild ihrer Vorfahren, die fünf Jahrhunderte zuvor direkte Maßnahmen gegen Höflinge unternommen hatten, begaben sich die Kampfmönche vom Mount Hiei einmal mehr nach Kyoto. Diesmal jedoch begnügten sie sich nicht damit, die Mikoshi vor den Augen verängstigter Höflinge zur Schau zu stellen. Stattdessen gab es eine Demonstration der Macht von den Bergen in wahrer Sengoku-Manier, da es zu einem Überraschungsangriff kam, bei dem alle 21 Nichiren-Tempel in Kyoto niedergebrannt wurden. Die selbstverwaltende Struktur der Städter wurde zwar nicht völlig vernichtet, aber so sehr geschwächt, dass sie schließlich zusammenbrach, als Oda Nobunaga 1568 als Sieger in die Hauptstadt einzog.

## Die Zerstörung von Mount Hiei

Nachdem die Kampfmönche von Mount Hiei ihre lange Zeit in Vergessenheit geratene militärische Stärke wiederentdeckt hatten, begannen sie, bedeutende lokale Daimyo als Verbündete zu gewinnen. Ihr Standort im Nordosten von Kyoto befand sich zugleich in unmittelbarer Nähe zu den Territorien der Familien Asai und Asakura, die die Hauptrivalen von Nobunaga im Norden der Hauptstadt waren und seine Verbindungslinien entlang des Biwa-Sees bedrohten.

Im Jahre 1570 schlug Oda Nobunaga die Asai und die Asakura in der Schlacht von Anegawa. Sie waren jedoch bei weitem nicht vernichtend geschlagen worden, und noch im gleichen Jahr nutzten sie Nobunagas vorübergehende Abwesenheit, um aus dem Norden vorzurücken und Vergeltung zu üben. Nobunagas bester General, Toyotomi Hideyoshi, stellte sich ihnen bei Sakamoto entgegen und trieb sie zurück in die schneebedeckten Berge, wo er sie vermutlich allesamt hätte abschlachten lassen, wären ihnen nicht die Kampfmönche von Mount Hiei zu Hilfe gekommen.

1571 hatten sich die Asai und die Asakura von der Niederlage erholt und suchten auf Mount Hiei nach einem Verbündeten, der sich mit ihnen erneut gegen Oda Nobunaga wenden würde. Diese Bedrohung war durchaus ernst zu nehmen, also schickte Nobunaga eine Nachricht nach Enryakuji, mit der er harte Vergeltungsmaßnahmen ankündigte, sollte man sich dort entscheiden, diesem Feind weiterhin zu helfen. Angesichts der Unnachgiebigkeit auf Seiten des Klosters entschied Nobunaga sich dazu, den ersten Schritt zu unternehmen. Anders als die Sümpfe und Mauern rund um das Ikko-ikki-Hauptquartier besaß Mount Hiei bis auf die Kampfmönche so gut wie keine Verteidigungseinrichtungen. Der Angriff war mit der Aussicht begonnen worden, das reinste Kinderspiel zu werden. Doch die Härte, mit der durchgegriffen wurde, erschütterte ganz Japan.

Oda Nobunagas erklärtes Ziel war es, den ganzen Tempelkomplex von Enryakuji als Vorsichtsmaßnahme und als Warnung an jede andere Gemeinde aus Kampfmönchen niederzubrennen, die das Geschehen verfolgen mochte. Der Angriff begann am 29. September 1571. Als erstes steckte Nobunaga die Stadt Sakamoto am Fuß des Mount Hiei in Brand, doch die meisten Einwohner hatten bereits auf dem Berg Zuflucht gesucht. Als nächstes legte er besonderen Wert darauf, den Hiyoshi-Schrein des Bergkönigs zu zerstören, danach stellte sich seine 30.000 Mann starke Armee in einem weitläufigen Ring um den Berg auf und setzte sich auf ein Signal der Muscheltrompete hin in Bewegung. Die Männer rückten Meter um Meter vor, setzten alles in Brand und schossen auf alles, was ihnen in den Weg kam. Nur wenige Mönche waren in der Lage sich zu wehren, die meisten betrachteten die Situation dagegen mit jener Gleichgültigkeit, die sie sich durch ihre buddhistische Ausbildung angeeignet hatten:

**Ein Druck zeigt vom Nordufer aus den Kampf um die zerstörte Brücke während der Schlacht von Uji im Jahre 1180. Wir sehen, wie die Taira-Samurai angreifen. In der oberen linken Ecke kann man die Naginata der Kampfmönche von Miidera sehen.**

**Die moderne Uji-Brücke, errichtet an der Stelle der Brücke, die bei der Schlacht von Uji zerstört wurde. Wir blicken hier in nördliche Richtung.**

*„Wollen wir unsere Aufmerksamkeit auf den Mond der vollkommenen Erleuchtung richten und unsere Herzen in dem Wasser reinigen, das vom Hügel Shimei hinunterfließt. Kochendes Wasser und die Glut des Feuers sind nicht schlimmer als die kühlende Brise." Mit diesen Worten warfen sie sich in die lodernden Flammen, von denen viele von ihnen verzehrt wurden. Das Tosen des brennenden Klosters, verstärkt durch die Schreie unzähliger Alter und Junger, hallte bis zum Ende von Himmel und Erde wider.*

Am nächsten Tag schickte Nobunaga seine Artilleristen aus, damit sie jeden aufspürten, der entkommen war, so dass die Gesamtzahl der Getöteten letztlich bei vermutlich 20.000 Menschen gelegen haben musste. Es war die unrühmlichste Tat, zu der sich Oda Nobunaga in seiner von Gewalt geprägten Karriere herabgelassen hatte. Zugleich war sie das Ende für die Kampfmönche von Enryakuji. Im Lauf der Zeit wuchsen die Bäume nach, und die Mönche bauten ihr Kloster wieder auf, doch sie sollten niemals wieder als Kampfmönche in Erscheinung treten.

## Der Feldzug von Nagashima

Der Schock über die verheerende Tat auf dem Mount Hiei ließ die Asai und die Asakura zögern, wodurch Nobunaga die Gelegenheit bekam, sich der offenen Rechnung zuzuwenden, die er noch mit den Ikko-ikki von Nagashima und Ishiyama Honganji hatte. Über Jahre hinweg liefen beide Feldzüge parallel zueinander, doch der Übersichtlichkeit halber möchte ich sie nacheinander schildern. Dabei soll das Flussdelta von Nagashima den Anfang machen.

Man nimmt an, dass sich der Name Nagashima von „Nana shima“ ableitet, den „sieben Inseln“, die - zusammen mit einer Fülle deutlich kleinerer Inseln, Schilfflächen und Sümpfen - das Delta bildeten. Es lag an der Grenze zwischen den Provinzen Owari und Ise im Südosten des heutigen Nagoya. Drei Flüsse - der Kisogawa, der Nagaragawa und der Ibigawa - münden in die Ise-Bucht. Ihr Verlauf wurde im Lauf der Geschichte immer wieder verändert, doch noch heute lässt die lange, flache Insel Nagashima inmitten der breiten Flüsse und des Schilfs erkennen, welchen Anblick sie den Ikko-ikki geboten haben muss, als die dort während der Sengoku-Periode eine Garnison eingerichtet hatten.

Es existierten dort im Wesentlichen zwei Kernbereiche, die der Verteidigung von Nagashima dienten: die Burg Nagashima und das befestigte Kloster von Ganshoji. Die Burg war 1555 von Ito Shigeharu erbaut worden, der sie an die Ikko-ikki verlor, als er auf eine Weise seiner Macht beraubt wurde, die für jene Daimyo nach und nach allzu vertraut wurde, da sie diese spezielle Sorte von Rivalen praktisch vor der eigenen Haustür hatten. Da Owari die Heimatprovinz von Oda Nobunaga war, bekam seine Familie die Anwesenheit der Ikki von Nagashima sehr deutlich zu spüren. Bestimmte Mitglieder des Oda-Clans kämpften im November 1569 am Nordrand des Nagashima-Deltas bei der Burg Ogie gegen sie. Die Ikko-ikki siegten auf der ganzen Linie und töteten Nobunagas Bruder Nobuoki. Dieser Verlust verlieh Nobunagas strategischem Bedürfnis, über Nagashima zu siegen, eine persönliche Note.

Nobunaga bestimmte seine vertrauenswürdigen Generäle Sakuma Nobumori und Shibata Katsuie zu Kommandeuren. Die Ikko-ikki trafen die notwendigen Vorbereitungen, verstärkten ihre Außenposten und ergriffen eine Reihe verschiedener Verteidigungsmaßnahmen. Im Nordosten von Nagashima schlug Nobunagas Armee am 16. Mai 1571 ihr Lager bei Tsushima auf, das von dem Komplex durch einen besonders flachen, aber breiten Fluss getrennt war. Geplant wurde ein Angriff auf eine Reihe von „waju“ (Inselgemeinden, die durch Deiche vor Überflutung geschützt waren) in einem Gebiet unmittelbar westlich von Tsushima. Von dort aus konnte ein Angriff auf Ganshoji unternommen werden, doch der erste Versuch erwies sich als völliges Desaster. Shibata Katsuie wurde schwer verwundet, und auf die Verteidiger machte dieses Unternehmen keinerlei Eindruck. Als sich die Oda-Armee zurückzog, brannte sie eine Reihe von Dörfern in den Außenbezirken nieder, was aber wahrscheinlich nur bewirkte, dass die örtliche Bevölkerung sich hinter die Sache ihrer fanatischen Nachbarn stellte.

**Ein moderner Druck zeigt das klassische Bild eines Kampfmönchs der Heian-Periode. Man beachte, dass unter seinem Gewand ein Teil der Rüstung hervorlugt und er eine gefährlich aussehende Naginata in seinen Händen hält.**

**Der berühmteste aller Kampfmönche war Benkei, der hier mit seinen ‚sieben Waffen' zu sehen ist. Dargestellt wird er in einer Szene aus einem Kabuki-Stück, das von seinen Wanderungen mit Yoshitsune erzählt.**

Mount Hiei wurde kurz nach der Niederlage von Nagashima in Schutt und Asche gelegt, woraufhin Nobunaga mit wiedererstarktem Selbstvertrauen ein weiteres Mal gegen Nagashima vorging. Als erstes löschte er einen kleineren Ikko-ikki-Außenposten in der Provinz Owari aus, indem er den Verteidigern vorgaukelte, er wolle mit ihnen einen Friedensvertrag abschließen, sie dann aber massakrierte. Es war eindeutig ein Einschüchterungsversuch gewesen, doch die Verteidiger von Nagashima ließen sich weder von dem Angriff auf Mount Hiei noch von dem Schicksal ihrer Glaubensgenossen in Owari beeindrucken. Der neue Feldzug begann im Juli 1573, und diesmal übernahm Nobunaga persönlich die Führung. Die Größe seiner Armee ist nicht überliefert, aber sie umfasste ein bestens ausgebildetes Hakenbüchsen-Korps. Doch zum zweiten Mal innerhalb von zwei Jahren wurde die Oda-Armee zum Rükkzug gezwungen.

Nobunaga kehrte 1574 zum dritten Mal zurück, doch nun war er erheblich stärker bewaffnet. Seine Eroberung der Provinz Ise hatte ihm in der Person von Kuki Yoshitaka (1542-1600) ein ungewöhnliches Seefahrertalent beschert, einen Mann, der so wie viele andere japanische Kapitäne jener Zeit früher einmal ein erfolgreicher Pirat gewesen war. Nobunaga rekrutierte Kuki und dessen Flotte, um den Kampf so nahe an die Festungsanlagen der Ikko-ikki heranzuführen, wie es zuvor noch nicht möglich gewesen war. Kuki ließ die Verteidigungsanlagen von Nagashima mit Kanonenkugeln und brennenden Pfeilen bombardieren, wobei er sich auf die hölzernen Wachtürme konzentrierte.

Die Präsenz der Schiffe diente auch dem Zweck, die Garnison von Nachschublieferungen und von jeder Streitmacht abzuschneiden, die Unterstützung hätte bringen können. Nobunagas Heer war zudem in der Lage, die meisten der vorgelagerten Forts der Ikko-ikki einzunehmen. Besonders zwei davon, Nakae und Yanagashima, versetzten Nobunaga in die Lage, zum ersten Mal auch den Zugang von der westlichen Seite zu kontrollieren. Von Kuki unterstützt, konnte das Heer eine Drei-

**Benkeis meistgerühmte Tat war der Abtransport der Tempelglocke vom Miidera, der hier auf einer Telefonkarte dargestellt ist.**

fach-Attacke aus dem Norden durchführen. Die Verteidiger wurden Stück für Stück zurückgetrieben, auch wenn sie erbitterten Widerstand leisteten, und auf dem kleinen Areal der Insel zusammengedrängt waren, auf dem sich die befestigten Burgen Gansho-ji und Nagashima befanden. Es gab kaum noch weiteres Territorium, und die Hoffnung auf Hilfe war so gut wie aussichtslos. Gegen Ende August 1574 waren die Ikko-ikki dem Hungertod nahe und erklärten sich zu Friedensverhandlungen bereit, doch ihre Vorschläge stießen auf taube Ohren. Nobunaga hatte weder den Tod seines Bruders noch die eigene Schmach der vorangegangenen Niederlagen vergessen, und er war fest entschlossen, die Inseln von Nagashima so gründlich zu zerstören, wie er es zuvor mit Mount Hiei gemacht hatte.

Anstatt die Kapitulation zu akzeptieren, ließ Nobunaga eine immens hohe Holzpalisade errichten, die auf den Festen Nakae und Yanagashima basierte und die die Ikko-ikki vor den Blicken der Außenwelt verbarg. Rund 20.000 Menschen waren in der Festungsanlage zusammengepfercht, die nichts davon mitbekamen, dass Nobunaga vor der Palisade Berge aus trockenem Unterholz aufschichten ließ. Er wartete, bis die kräftigen Winde einsetzten, die die September-Taifune ankündigten (von denen die Ise-Bucht regelmäßig heimgesucht wurde), dann ließ er das Unterholz in Brand stecken, um so einen gewaltigen Scheiterhaufen zu entfachen. Die Flammen überwanden die schmalen Wasserflächen, und nach kurzer Zeit brannte der gesamte Nagashima-Komplex. So wie auf dem Mount Hiei wurde keine Gnade gewährt, doch bei Nagashima flehte auch niemand um Gnade. Das flache Land bot dem Feuer keinerlei Widerstand, und alle 20.000 Menschen, die in der Ikko-ikki-Festung festsaßen, verbrannten zu Tode, ehe auch nur einer von ihnen einen Fluchtversuch unternehmen konnte.

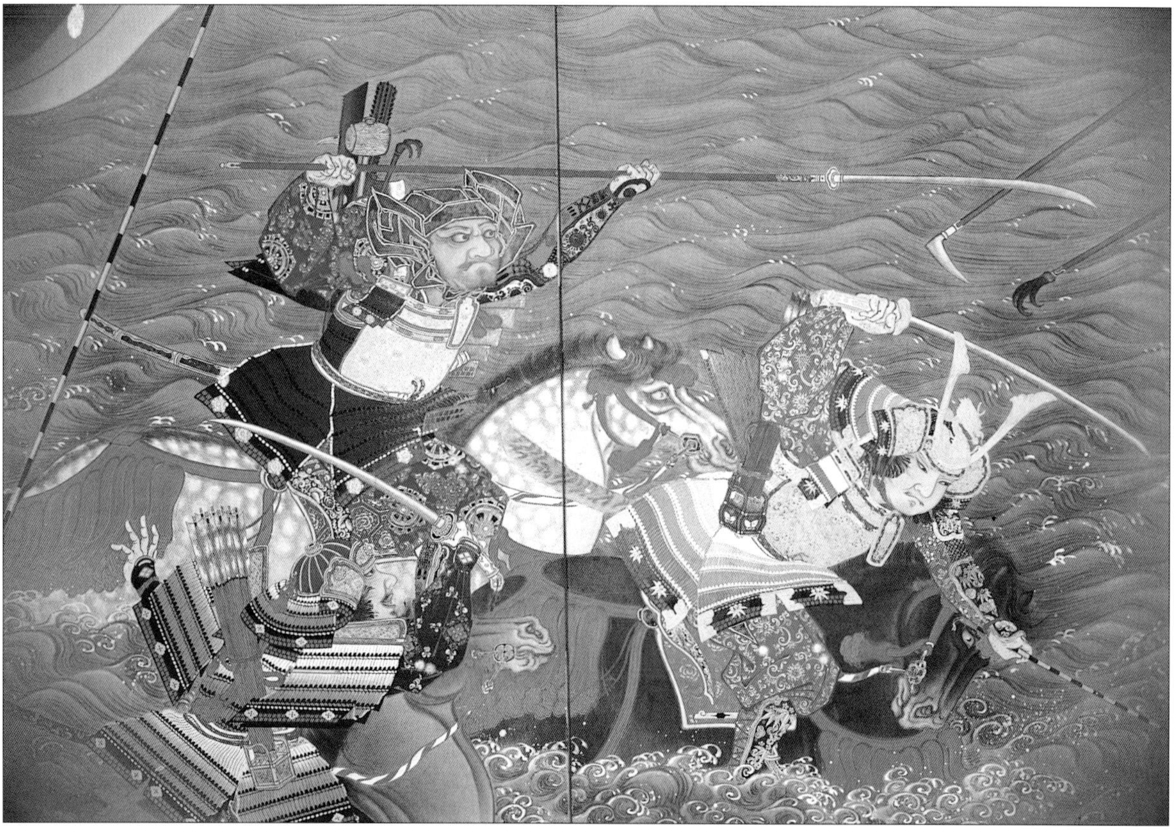

**Auf diesem bemalten Schirm im Watanabe Museum in Tottori sehen wir Benkei in Aktion, wie er in der Schlacht von Yashima 1184 eine Naginata einsetzt.**

## Der Fall von Ishiyama Honganji

Nobunagas erster Angriff auf Ishiyama Honganji war im August 1570 unternommen worden. Er verließ die Burg Gifu an der Spitze einer 30.000 Mann starken Armee und befahl den Bau einer Reihe von Festen rund um Ishiyama Honganji. Am 12. September ertönten um Mitternacht die Glocken in Ishiyama Honganji, und Nobunagas Festungen bei Kawaguchi und Takadono wurden angegriffen, was dazu führte, dass sich der größte Teil der Oda-Armee zurückzog und es nur einer Handvoll Festen überlassen war, die gewaltige Festung wenn schon nicht zu kontrollieren, so doch wenigstens zu überwachen. Der Feldzug sollte sich letztlich über elf Jahre erstrecken und nicht nur einen Großteil von Nobunagas militärischen Ressourcen aufbrauchen, sondern auch andere Daimyo einem Schwarzen Loch gleich in den Konflikt hineinziehen.

Im Jahr 1576 war das Hauptgebäude von Ishiyama Honganji zum Mittelpunkt eines komplexen Rings aus 51 Außenposten herangewachsen, die von organisierten Hakenbüchsen-Staffeln gut beschützt wurden. Im April unternahm Nobunaga vom Land her mit 3000 Mann unter dem Kommando von Araki Muneshige und Akechi Mitsuhide einen Angriff auf Ishiyama Honganji. Möglicherweise steckte mehr dahinter als nur die Absicht, die Verteidigungsfähigkeit des Gegners zu testen, da sich Nobunaga 15.000 Mann entgegenstellten und ihn zum Rückzug zwangen.

Die Verteidigung fiel so heftig aus, dass Nobunaga sich genötigt sah, seine Taktik zu überdenken. Er beschloss, zunächst einmal die Außenposten zu zerstören, von denen Ishiyama Honganji Unterstützung erhielt, damit das Zentrum nach und nach isoliert wurde. Er selbst griff den Ikko-ikki-Außenposten in Saiga in der Provinz Kii im Süden an, während er Toyotomi Hideyoshi gegen ein anderes Nest der Kampfmönche in Negoroji marschieren ließ. Negoroji wurde bei diesem Angriff zwar nicht besiegt, aber genügend kontrolliert, um für Nobunagas Pläne kaum noch eine Gefahr darstellen zu können.

Nachdem die äußeren Kräfte auf ein Minimum reduziert worden waren, versuchte Nobunaga, die Verteidiger von Ishiyama Honganji auszuhungern. Aller-

Ikko-ikki-Mönche in der Provinz Mikawa in einem Modell im Okazaki Historical Museum. Sie verteidigen ihren Tempel gegen Ieyasus Truppen.

dings öffnete sich die Festungsinsel zur schmalen Inlandsee hin, einem Gebiet, das größtenteils von der Flotte der Todfeinde Nobunagas kontrolliert wurde, des Mori-Clans, der dafür sorgte, dass Ishiyama Honganji über ausreichende Vorräte verfügte. Also bediente sich Nobunaga ein weiteres Mal der Dienste von Kuki Yoshitaka, um eine Blockade durchzusetzen. Dieser Plan ging jedoch nicht auf, und im August 1576 bewiesen die Mori ihre maritime Überlegenheit, indem sie Nobunagas Flotte bei der ersten Schlacht von Kizugawaguchi bezwangen.

Aber trotz Moris Waffenschmuggel und Nahrungsmittellieferungen wurde den Verteidigern recht bald klar, dass es nur noch wenige Ikko-Sympathisanten gab, die sich ihnen hätten anschließen können. Dieser Verlust an Unterstützung machte den Kommandeuren in Ishiyama Honganji Sorgen, woraufhin Abt Kosa verzweifelte Hilfeersuchen in alle Teile des Landes schickte. Viele Ikko-ikki-Ableger waren in der Burg bereits vertreten, und es kamen keine neuen, um sich ihnen anzuschließen, so dass im Jahr 1578 die Belagerung allmählich zu Nobunagas Gunsten umschlug.

Bei der zweiten Schlacht von Kizugawaguchi 1578 gelang es den großen Schlachtschiffen, die Nobunaga hatte bauen lassen, den Weg für Nachschub von Mori endgültig zu blockieren. Die Fanatiker von Ishiyama Honganji machten sich auf Nobunagas letzten Angriff bereit, doch erstaunlicherweise sollte die Belagerung noch zwei Jahre fortdauern. Die Garnison unterstand dem beseelten Kommando eines gewissen Shimotsuma Nakayuki (1551-1616). Zu Zeiten größeren Selbstvertrauens war es das Ansinnen von Ishiyama Honganji gewesen, auf die Hauptstadt zuzumarschieren und Shimotsuma zum Shogun durchzusetzen. Doch inzwischen hatte sich herausgestellt, dass der Rückhalt nur aus den eigenen Reihen der Minister kam. Kein Samurai-Clan hatte auf den Ruf zu den Waffen reagiert, und Uesugi Kenshin, der Nobunaga von Norden her bedroht und Honganji unterstützt hatte, starb 1578. Der Mori-Clan war überdies nicht gewillt, sich nach dem Verlust der strategisch wichtigen Burg Miki 1580 auf einen rükkhaltlosen Kampf mit Nobunaga einzulassen. Dadurch war ihnen ihre günstigste Basis entzogen worden, und das befestigte Kloster wurde so vollständig isoliert, wie Nobunaga es auch geplant hatte.

In eine düstere Rüstung gekleidet und unter einem roten Banner mit einer riesigen goldenen Sonne koordinierte Shimotsuma seine Operationen, während Nobunagas Armee die äußeren Verteidigungslinien zermürbte. An jedem Tag wurden die Angriffe fortgesetzt, durch die die wertvolle Munition des Tempels immer mehr aufgebraucht wurde. Schon bald gingen auch Shimotsumas Nahrungsmittelvorräte zur Neige, während die Mori-Flotte weiterhin keinen Nachschub liefern konnte. Der Abt Kosa und seine Kollegen hielten eine Konferenz ab, und im April 1580 wurde ein kaiserlicher Kurier losgeschickt, der einen Brief von keinem Geringeren als dem japanischen Kaiser bei sich trug, in dem eine ehrenvolle Kapitulation vorgeschlagen wurde. Natürlich hatte Oda Nobunaga diesen Brief in die Wege geleitet, doch er zeigte Wirkung: Nur wenige Wochen später

**Ein Kampfmönch des Negoroji, um 1580. Die Negoroji-Mönche trotzten Hideyoshi, bis sie 1585 überwältigt wurden. Dieser Mönch führt neben der Naginata auch ein Schlagholz mit sich.**

ergab sich die Festung. Die Bedingungen dieser Aufgabe machten kein weiteres Blutvergießen erforderlich, und elf Jahre erbitterter Kämpfe gingen im August 1580 zu Ende. Trotz der warnenden Beispiele, die Nobunaga in Form von Mount Hiei und Nagashima geliefert hatte, verhielt er sich untypisch großzügig gegenüber jener Religionsgemeinschaft, die ihm so viel Ärger bereitet hatte. Die Burg wurde in Schutt und Asche gelegt, doch Shimotsuma Nakayuki, der einen schriftlichen Eid mit seinem eigenen Blut unterzeichnet hatte, blieb verschont. Stattdessen bekam er von seinen Kollegen eine kleine Statue von Amida Buddha in Anerkennung seiner Verdienste überreicht.

## Die letzten Kampfmönche

Die lange Geschichte der Kampfmönche war damit fast vorüber. Nach dem Tod Nobunagas 1582 warb Kosa, der frühere Abt von Ishiyama Honganji, tatkräftig um den neuen Herrscher Toyotomi Hideyoshi und entsandte einige der ihm noch verbliebenen Ikko-ikki aus, um Shibata Katsuies Nachhut während Hideyoshis Shizugatake-Feldzug aufzureiben. Damit machte er sich bei Hideyoshi beliebt, und schließlich strich er auch den Lohn dafür ein, ganz im Gegensatz zu den Erfahrungen der Kampfmönche, die während des Komaki-Feldzugs 1584 auf der Seite von Hideyoshis Rivalen Tokugawa Ieyasu standen.

Diese Laune bescherte ihnen 1585 eine schreckliche Vergeltung, als Hideyoshi Negoroji und die benachbarten Tempel angriff, die ebenfalls Armeen aus Kampfmönchen unterhielten. Einer der Tempel war Kokawadera, ein Ableger von Mount Hiei und damit die Heimat der letzten Tendai-Kampfmönche in Japan, während sich am gegenüber liegenden Ufer des Flusses Kii die Burg Ota befand, das Hauptquartier der Shinshu Saiga-ikki. Heute steht dort die Burg Wakayama.

Hideyoshis 6000 Mann starke Armee überrannte zunächst vier kleine Außenposten und näherte sich dann aus zwei Richtungen Negoroji. Zu dieser Zeit schätzte man die militärische Stärke von Negoroji auf 30.000 bis 50.000 Mann, deren Geschick mit Schusswaffen immer noch als beträchtlich galt. Doch viele von ihnen hatten bereits den Fluss überquert und in Ota Zuflucht gesucht. Angefangen bei den Unterkünften der Priester setzte die belagernde Armee systematisch den Komplex von Negoroji in Brand und tötete jeden Kampfmönch, der den Flammen zu entkommen versuchte. Mehrere Zweikämpfe spielten sich zwischen Hideyoshis Samurai und den Verteidigern von Negoroji ab.

Während Feuer bei Negoroji zum Erfolg geführt hatte, entschied Toyotomi Hideyoshi, Ota zu unterwerfen, indem er es flutete. Entlang der nördlichen, westlichen und südlichen Seite der Burg verlief je

**Die Kampfmönche der Jodo-Glaubensgemeinschaft des Daijuji in Okazaki unterstützen Tokugawa Ieyasu im Kampf gegen die Ikko-ikki. Im Hintergrund ist die Jodo-Flagge zu sehen, die von Tokugawa Ieyasu in all seinen Schlachten mitgeführt wurde.**

ein Damm. An der östlichen Seite wurde der Deich offengelassen, damit das Wasser hineinströmen konnte. Heftige Regenfälle trugen ihren Teil dazu bei, die Burg von Hilfe von außen abzuschneiden. Mut schöpften die Verteidiger, als ein Teil von Hideyoshis Damm brach und das austretende Wasser mehreren Belagerern das Leben kostete. Doch der Hunger forderte schon bald seinen Tribut, und die Garnison ergab sich, angeführt von fünfzig leitenden Kampfmönchen, die aus Trotz „hara kiri" begingen. Die in der Burg verbliebenen Soldaten, Bauern, Frauen und Kinder wurden entwaffnet, und jeder, der zu einer Samurai-Familie gehörte, wurde geköpft, während die Bauern gehen durften.

## Neuaufbau einer Tradition

Die Saiga-ikki von Ota standen für die letzten Kampfmönche, und als Kosa sich bei Toyotomi Hideyoshi für dessen Unterstützung beim Wiederaufbau des Tempels der Religionsgemeinschaft einsetzte, wurde ihm nur erlaubt, ihn als das religiöse Hauptquartier der Shinshu zu bauen, nicht aber als eine der Ikko-ikki-Festungen. Hideyoshi stellte 1589 in Kyoto Land zur Verfügung, und 1591 wurde Nishi Honganji als prachtvoller Shinshu-Tempel erbaut, der keinerlei Verteidigungsvorkehrungen besaß.

Jeder, der heute Kyoto besucht, kann dort die endgültige Lösung des Problems der Ikko-ikki betrachten. Wenn man den Bahnhof verlässt, wird einem die Tatsache bewusst, dass es zwei Shinshu-Tempel gibt: den Nishi Honganji und den Higashi Honganji, die beide das Hauptquartier ein und derselben Organisation zu sein scheinen und die fast nebeneinander errichtet wurden. Dies erklärt sich dadurch, dass Tokugawa Ieyasu, der selbst unter den Mikawa-Monto gelitten hatte, im Jahre 1602 einen Nachfolgestreit zu seinen Gunsten nutzte und einen alternativen Haupttempel gründete, der dem von Hideyoshi 1591 gebauten den Rang ablaufen sollte. Die politische Macht der Glaubensgemeinschaft wurde dadurch geschwächt, aber sie blieb eine starke religiöse Organisation, die jedoch nie wieder in die Lage versetzt wurde, als Armee aus Kampfmönchen der Ikko-ikki aufzuerstehen.

Ieyasu ließ auch Kofukuji wiedererstehen, jedoch als eine rein religiöse Einrichtung, so dass es in Japan keine Kampfmönche mehr gab, als er 1603 Shogun wurde. Allerdings hatte er einige ehemalige Kampfmönche in seine Dienste genommen, bei denen es sich um die überlebenden seiner alten Verbündeten aus Negoroji handelte, die vor allem im Umgang mit Schusswaffen sehr erfahren waren. Ieyasu übernahm 1585 sechzehn von ihnen in seinen Dienst, 1586 folgten neun weitere. Sie alle wurden dem Kommando von Naruse Masashige unterstellt. Die Negoro-gumi bildete die Grundlage für die Tokugawa-Schusswaffenstaffeln der frühen Edo-Periode.

Dank der Großzügigkeit von Toyotomi Hideyoshi war auch Enryakuji mit neuem Leben erfüllt worden.

**Inei vom Hozo-in, der berühmteste aller Mönche, die Spezialisten in den Kampfkünsten waren. Er wird im Augenblick der Erkenntnis gezeigt, als er hinter dem Schaft seines Speers das Spiegelbild des Halbmondes sieht. Der Künstler Yoshitoshi hat den Mond am Himmel hinter ihm platziert.**

Mehr als ein Jahrzehnt lang hatte Enryakuji nicht existiert, das Einzige, was davon gezeugt hatte, war der verkohlte Gipfel des Mount Hiei, ein schwarzes Mahnmal für all jene, die nicht die Herrschaft von Oda Nobunaga hatten anerkennen wollen. Dieses eine Mal schien es so, als hätte Miidera, dessen Mönche zu Nobunaga gestanden hatten, die Oberhand gewonnen, doch Hideyoshi sprach sich für einen Wiederaufbau von Enryakuji aus. Also entstanden dort neue Gebäude, deren Anzahl der vorsichtig gewordene Hideyoshi auf 125 beschränkte, also nur einen Bruchteil der einst 3000 Gebäude. 125 ist auch die Zahl religiöser Bauwerke, die man noch heute auf dem Gipfel vorfindet.

Aber Toyotomi Hideyoshi hatte den Kampfmönchen bereits das größte Kompliment gemacht, das von einem Samurai-Führer kommen konnte. Er hatte anerkannt, dass der Standort von Ishiyama Honganji von den Ikko-ikki strategisch und hinsichtlich der Verteidigung hervorragend gewählt war. In Erinnerung daran, wie lange sein Herr daran laboriert hatte, wählte er 1586 diese Stätte für seine neue Burg, die der Mittelpunkt der heutigen Großstadt Osaka werden sollte.

# Erscheinungsbild und Ausrüstung der Kampfmönche

## Tracht

Die zeitgenössischen Beschreibungen und Illustrationen der japanischen Kampfmönche aus der Prä-Sengoku-Zeit zeichnen sich durch bemerkenswerte Übereinstimmung aus. Das gibt uns die Möglichkeit, recht genau das Erscheinungsbild eines Sohei aus Enryakuji oder Nara zu rekonstruieren. Grundlage der Tracht war das Klostergewand, ein Bekleidungsstück, dessen Stil sich über zwölf Jahrhunderte hinweg kaum verändert hat. Das bedeutet, dass die Buddhistenmönche, denen man heutzutage auf Mount Hiei oder in Nara begegnet, sich kaum von ihren Vorgängern unterscheiden. Der „kimono“ (das Gewand) teilt sich mit vielen anderen Elementen japanischer Trachten einen schlichten Stil und eine lange Tradition. über dem „fundoshi“ (Lendentuch) trug der Kampfmönch mehrere Kimono, die wie ein Morgenrock mit weiten Ärmeln aussahen. Die Leibwäsche war weiß, und das oberste Gewand war weiß, gelbbraun oder safrangelb. Über den obersten Kimono wurde eine meist schwarze Jacke getragen, die oft aus einem steifen gazeartigen, durchscheinenden Material war, das man noch heute bei mancher Klostertracht entdecken kann. Die Fußbekleidung bestand aus den „waraji“ (Strohsandalen), die zu weißen „tabi“ (Socken) und oft auch langen „kiahan“ (Gamaschen) getragen wurden. Auf vielen Illustration sieht man die Kampfmönche auch „geta“ (Holzschuhe) tragen. Jeder Geta war aus einem einzigen Stück Holz geschnitzt, um den Fuß in einer höhere Position zu bringen. Auch wenn diese Schuhe für einen westlichen Betrachter recht klobig wirken, wirken Japaner auf ihnen stets sehr flink.

Ein Kampfmönch erweiterte dieses priesterliche Gewand um folgende Elemente: Zunächst einmal wurde die Kapuze so gefaltet und um den Kopf gebunden, dass nur noch das Gesicht freiblieb. Gegensätzlich dazu zeigen manche Illustrationen Kampfmönche, die keine Kapuze tragen, stattdessen aber ein weißes „hachimaki" (Stirnband) auf dem kahlrasierten Schädel.

Der Kampfmönch trug zudem eine Rüstung. Nach Zeichnungen auf Schriftrollen zu urteilen, handelte es sich dabei oft um ein einfaches „do-maru", das wie eine kugelsichere Weste direkt unter das oberste Gewand gewickelt getragen wurde. Dieses Do-maru war die typische japanische Rüstung, die aus einer Reihe lackierter Metall- oder Lederplättchen bestand, die einander überlappend verbunden waren. Mehrere dieser Reihen wurden von Seidenschnüren zusammengehalten, um eine Rüstungsplatte zu ergeben. Ansonsten wurde der kunstvollere „yoroi"-Stil mit einem Brustpanzer getragen, allerdings hätten die dicken Schulterpolster des Yoroi nicht so leicht unter ein Mönchsgewand gepasst. In vielen Fällen sieht man auch „kote" (Ärmelpanzerung) unter den weiten Ärmeln des Gewands. Ein Kote bestand aus einer Stoffröhre, auf die an den schützenswerten Stellen kleine Panzerplättchen aufgenäht worden waren. Für einen besseren Schutz des Kopfs war es natürlich erforderlich, anstelle der Kapuze einen Helm zu tragen. Auf der Kasuga Gongen-Schriftrolle, auf der der Kampf zwischen Kampfmönchen aus Nara und der Taira-Familie dargestellt wird, sind etliche Kampfmönche zu sehen, die eine so vollständige Rüstung tragen, dass sie von gewöhnlichen Samurai kaum unterschieden werden können.

**Dieser Mönch der Shingon-Religionsgemeinschaft in Ikoma nahe Nara trägt ein purpurfarbenes Gewand.**

## Waffen

Ein robuster Gürtel um die Taille ergänzte den üblichen Kimono-Gürtel. An ihm festgemacht war ein typisch japanisches Schwert. Zu dieser Zeit hatte diese Waffe die Form eines Tachi und wurde mit der Klinge nach unten getragen, so dass es erforderlich war, sie mit beiden Händen zu ziehen. So wie die meisten Samurai trugen auch die Kampfmönche einen „tanto" (Dolch) bei sich, der unter dem rechten Arm unter den Gürtel geschoben wurde. Auf Zeichnungen taucht nur selten ein Tanto auf, doch der Einsatz dieser Waffe wird in den berühmten Berichten über die Schlacht von Uji bestätigt, die weiter unten noch Erwähnung finden wird. Auch Pfeil und Bogen wurden verwendet, und viele Mönche waren höchst geschickte Bogenschützen. Beim Bogen handelte es sich um den typischen japanischen Langbogen. Um die Belastung für diese Waffe so gering wie möglich zu halten, wenn die Sehne zurückgezogen wurde, musste der Bogen lang sein. Da diese Waffe vor allem beim Reiten zum Einsatz kam, wurde der Pfeil normalerweise vom oberen Drittel des Bogens aus abgefeuert. Um die nötige Schusskraft zu erzielen, gleichzeitig aber einen Querschnitt von vernünftigen Proportionen zu bewahren, war es notwendig, eine lamellenartige Struktur zu wählen. Daher bestanden die Bogen in den Gempei-Kriegen aus Laubholz, das auf der vom Bogenschützen abgewandten Seite mit Bambus verstärkt wurde. Das Umbinden mit Rattan war notwendig, da der Leim sehr schlechte Klebeeigenschaften besaß, und nur so die verschiedenen Teile zusammengehalten werden konnten. Da der Leim aber bei Feuchtigkeit zusätzlich an Klebkraft verlor, wurde der gesamte Bogen wetterfest lackiert.

Die Pfeile wurden aus Bambus gefertigt, eine Kerbe wurde eingeschnitten, außerdem wurden drei Fe-

**Ein Mönch aus Miidera, einer der wichtigsten früheren Basen der Kampfmönche. Das Gewand der Mönche in der Heian-Periode hat sich von diesem Modell kaum unterschieden.**

dern festgemacht. Die Sehne bestand aus Pflanzenfasern, üblicherweise mit Wachs überzogener Hanf oder Ramie, um für eine harte und glatte Oberfläche zu sorgen. In manchen Fällen benötigte man sogar mehr als einen Mann, um einen Bogen zu spannen. Traditionell wurde der Pfeil auf dem Pferderücken sitzend abgeschossen: Der Schütze hielt den Bogen über dem Kopf, um nicht das Pferd im Schussfeld zu haben, dann streckte er den linken Arm aus und zog den rechten soweit zurück, dass der sich in Höhe des rechten Ohrs befand. Ein hohes Maß an Treffsicherheit war die Folge stundenlangen Trainings auf Schießständen, wo die Pfeile auf kleine hölzerne Ziele abgefeuert wurden, während das Pferd daran entlang galoppierte. Daraus entstand die traditionelle Kunst des „yabusame", die noch heute auf Festen demonstriert wird.

**Ein buddhistischer Priester im Gebet im Fudoji nahe Kurikara. Dieses Bild vermittelt eine gute Vorstellung vom Innenleben eines typischen Buddhistentempels in Japan.**

Die traditionelle Waffe des Mönchs war eine bösartig aussehende Hieb- und Stichwaffe namens „naginata", die die Form einer Lanze aufwies. Die Klinge war in einen stabilen Holzstab mit ovalem Querschnitt eingesetzt, was die Handhabung erleichterte. Der Knauf war aus Eisen und half dabei, der Klinge Gewicht entgegenzusetzen. Diese Naginata-Klinge konnte auch für sich als Waffe benutzt werden, da sie einem Schwert ähnlich und auf gleichermaßen hohem Niveau geschmiedet worden war. Allerdings gab es bei den Formen große Unterschiede. Manche Klingen waren breiter als die eines Schwertes und erinnerten eher an chinesische Hellebarden. Im 11. und 12. Jahrhundert wurde eine Form mit der Bezeichnung „shobuzukuri naginata" bevorzugt, deren Klinge fast so lang war wie der etwas kürzere Schaft. Bei den späteren Modellen der Naginata fällt dagegen die Klinge wieder kürzer aus, während der Schaft länger ist.

Die Kampfmönche bevorzugten sichtlich einen einschüchternden Anblick, indem sie ihr Gesicht verschleierten, die scharfe Naginata in der Hand hielten und dabei die Kleidung trugen, die eindeutig die eines Priesters war und die sie als heilige Krieger erkennbar machte. Die Mönche, die in Zeichnungen auf Schriftrollen oder in Büchern zu sehen sind, vermitteln stets den Eindruck eines rauen und selbstbewussten Charakters. Im Heike Monogatari wird über die Kampfmönche von Miidera gesagt, sie wären „allesamt stämmige, bewaffnete Männer, die Bogen und Pfeile, Schwert und Naginata trugen, jeder Einzelne von ihnen soviel Wert wie tausend gewöhnliche Männer, denen es gleich war, ob sie auf Gott oder den Teufel trafen".

Kampfmönche bei Demonstrationen werden üblicherweise so dargestellt, dass sie ihre vollständigen Klostergewänder und ihre Rüstung tragen, allerdings wird dabei häufig auf die Kapuze verzichtet. Ihr rasierter Kopf lässt erkennen, dass sie ihr Haar einige Tage lang wieder haben wachsen lassen, und über die verschwitzte Stirn tragen sie ein Band, während sie in der Hand den Rosenkranz halten. Eine andere faszinierende Beschreibung des gefürchteten Kampfmönchs findet sich im Heike Monogatari in einem Bericht über die Schlacht von Nara im Jahre 1180:

> *Nun gab es unter den sich zurückziehenden Priestern einen Kampfmönch namens Saka no shiro Yogaku, dessen Stärke und Mut es mit allen Tempeln von Nara gemeinsam aufnehmen konnte. Er trug zwei Rüstungen übereinander, eine schwarze Rüstung über einer anderen mit Schnüren aus hellgrüner Seide, sowie gleichermaßen zwei Helme, einer mit fünf Panzerplatten über einer Stahlkappe, während er in einer Hand eine Naginata mit einem weißen Heft hielt, geschwungen wie ein Schilfrohr, und einem gewaltigen Tachi [Langschwert] mit schwarzer Befestigung in*

*der anderen. Nachdem er rund zehn seiner Kameraden aus dem selben Tempel um sich geschart hatte, hielt er die Feinde am Tengai-Tor eine Weile zurück und tötete viele von ihnen, doch für jeden, der fiel, kam ein anderer.*

## Die Tracht und die Waffen der Ikko-ikki

Die Kampfmönche des 16. Jahrhunderts zeigten ein weit weniger einheitliches Erscheinungsbild, als es bei ihren Vorgängern im 12. Jahrhundert der Fall gewesen war. Manche werden in ähnlichen Kapuzen und Gewändern dargestellt, während ein in Okazaki ausgestelltes Diorama Ikko-ikki mit rasiertem Schädel und in vollständigem, zum Teil aber auch aus Elementen einer Rüstung bestehendem Klerikergewand zeigt, die aus dem Tor ihres Tempels gestürmt kommen, um Ieyasus Samurai-Armee anzugreifen. Auf anderen Illustrationen dagegen sehen die Ikko-ikki kaum so aus wie konventionelle Kampfmönche, sondern eher wie ein wild zusammengewürfelter Haufen, wobei eindeutig Bauern den größten Teil der Streitkraft ausmachen. Auf den hier wiedergegebenen Bildern trägt der berittene Kommandeur eine komplette Samurai-Rüstung. Die Ausrüstung der Infanteristen rangiert vom vollständigen buddhistischen Mönchsgewand einschließlich rasiertem Schädel über den Regenumhang aus Stroh eines Bauern und den „jingasa“ (Helm) eines Infanteristen bis hin zu einer Mischung aus Samurai-Rüstung und -Helm. In der Zeit nach einem Krieg konnte man viele militärische Ausrüstungsgegenstände sehr günstig erwerben.

**Oben: Ein reisender Mönch, der in Nara bettelt. Seine Tracht unterscheidet sich nicht allzusehr von dem, was in den Tagen der Kampfmönche getragen wurde. In der rechten Hand hält er einen „shakujo“ (Schellenstab).**

**Links: Ganshoji, Sitz der Ikko-ikki von Nagashima. Dieses befestigte Kloster bot Oda Nobunaga so lange Zeit Widerstand. Ganshoji wurde inzwischen wiederaufgebaut, hat sich das festungsgleiche Erscheinungsbild aber bewahrt.**

Ein Sohei (Kampfmönch) von Mount Hiei oder Nara, um 1100

A

Die Feuersbrunst von Nara, 1180

B

Die Kampfmönche von Negoroji im Training, ca. 1570
WΔΓ.02

Alltag in Ishiyama Honganji, ca. 1570

D

Die Kampfmönche vom Mount Hiei tragen ihren Mikoshi durch die Straßen von Kyoto, 1146

E

F

Kampfmönche in der Schlacht von Uji, 1180

Die Verteidigung von Kyoto durch die Kampfmönche der Hokke-Shū gegen einen Angriff der Ikkō-ikki, 1528

G

**Ein Kampfmönch der Ikko-ikki aus Nagashima, ca. 1574**

H

Die Rüstung des 16. Jahrhunderts hatte sich aus dem Do-maru entwickelt. Die Schnüre wurden nun paarweise angeordnet, und es wurden kleinere Schulterplatten getragen. Viele Rüstungen hatte massive Brustplatten, von denen viele sogar kugelsicher sein sollten. Der ältere Stil in der Art des Do-maru wurde aber auch weiterhin getragen, insbesondere von solchen Samurai, die sich finanziell nicht so gut standen. Die „okegawa-do", die einfache glatte Rüstung mit Brustplatten, die die „ashigaru" (Infanteristen) trugen, war in der Herstellung recht preiswert, so dass man sich gut vorstellen kann, dass für die Ikko-ikki-Armeen Hunderte dieser Rüstungen zur Verfügung gestanden haben mussten.

Was die Waffen anging, stieß man überall auf Schwerter und Dolche, während einige noch immer ihre Naginata bei sich trugen. Gerade Speere (die im 14. Jahrhundert aufkamen) dürften auch sehr stark vertreten gewesen sein, außerdem verstanden die „heiligen Krieger" des 16. Jahrhunderts es sehr gut, mit Hakenbüchsen umzugehen. Die Hakenbüchse war eine einfache Luntenschloss-Muskete, die gezündet wurde, indem man eine brennende Lunte auf die Pfanne fallen ließ. Sie wurde 1543 von den Portugiesen nach Japan gebracht. Die Shinshu-Tempel gehörten zu den besten Abnehmern der auf den Markt drängenden Büchsenmacher - ein deutlicher Hinweis darauf, dass diese Mönchsarmeen kein Bauernmob waren, sondern eine organisierte Streitmacht auf dem neusten Stand der Militärtechnologie.

Ein wichtiges Element der Ikko-ikki-Armeen waren die Flaggen, auf die man buddhistische Aussprüche geschrieben hatte. In den meisten Fällen handelte es sich dabei um die langen, vertikalen Banner vom Nobori-Typ, die an einer Stange getragen wurden und durch eine Querstange an der Spitze Halt bekamen. Auf den Ikko-ikki-Flaggen stand oft das Gebet geschrieben, das bei allen Amida-buddhistischen Glaubensgemeinschaften Verwendung fand: „Namu Amida Butsu" („Verehrung dem Buddha Amida"). Auf anderen Bannern war Folgendes zu lesen: „Wer voranschreitet, dem ist die Errettung sicher, doch wer zurückweicht, der wird zur Hölle fahren." Die Lotus-Krieger der Nichirenshu verwendeten Flaggen mit dem Nichiren-Motto: „Namu Myoho Renge Kyo" („Verehrung dem Sutra vom Lotus der wunderbaren Lehre"). Es gab aber auch andere buddhistische Motive wie

**Das Monument für die Ikko-ikki auf dem Hofplatz des Gansho-ji in Nagashima.**

**Der Küstenstreifen um Nagashima herum, mit breiten Schilfflächen und offenem Gewässer. Bei Nebel entsteht eine Atmosphäre, die an die Zeit der Ikko-ikki erinnert.**

beispielsweise das „sotoba" (eine Reihe von Formen, die die Beziehung zwischen Mensch und Himmel andeuten). Eine Gruppe, die Ishiyama Honganji unterstützte, präsentierte auf ihren Flaggen einen Kranich.

# Glaube und Zugehörigkeitsgefühl

## Von der Toleranz zum Unruhestiften

Die Religion, auf die sich die Kampfmönche stützten, war der Buddhismus. Der Platz reicht nicht aus, um an dieser Stelle im Detail auf die Lehren Buddhas einzugehen oder zu erläutern, welche Form dieser Buddhismus annahm, als er nach Japan gelangte. Es versteht sich von selbst, dass der Typ von Buddhismus, der von den ersten Kampfmönchen angenommen wurde, der war, der in den großen Tempeln in Nara und auf dem Mount Hiei gelehrt wurde, deren Ansichten und Meinungen die religiöse Szene beherrschten. Die Streitigkeiten zwischen ihnen bezogen sich nie auf die Lehrmeinungen, und es gab auch keine gegenteiligen Ansichten zum Shinto. Kukai (774-835), posthum bekannt als Kobo Daishi und als Gründer der Buddhismus-Religionsgemeinschaft Shingon, ist in der japanischen Religion eine der heiligsten und am stärksten verehrten Figuren, obwohl er seinerseits Shinto so sehr verehrte, dass er seine neue Einrichtung unter den Schutz von Shinto Kami stellte. Saicho machte das Gleiche auf dem Mount Hiei, auch wenn seine Verehrung dem Bergkönig Sanno galt. Zu denen, die Sannos Mikoshi während der Demonstrationen nach Kyoto trugen, gehörten auch die „kannushi" (Shinto-Priester) des Hiyoshi-Schreins, während sich die Kannushi des Kasuga-Schreins in die Politik des Kofukuji einmischten.

Der große Unterschied zwischen den Einstellungen entwickelte sich erst Jahrhunderte später, als sich die populistischen Religionsgemeinschaften herausbildeten. Wir können rückblickend deutliche Unterschiede im Glauben erkennen, doch inwieweit das für die Gewalt zwischen den Gemeinschaften ausschlaggebend war, lässt sich nicht sicher sagen. Ein konstanter Faktor jedoch war die Feindseligkeit, mit der der Tempel Enryakuji auf jede neue Einrichtung reagierte, die seine traditionelle Vorherrschaft in Kyoto weiter zu beschneiden drohte. Der Einfluss von Enryakuji war tatsächlich so groß, dass fast alle in diesem Buch beschriebenen Religionsgemeinschaften von Männern gegründet bzw. mitgegründet worden waren, die irgendwann einmal auf Mount Hiei studiert hatten. Doch Enryakuji ließ niemandem gegenüber Toleranz erkennen, der von den Lehren abwich und seine eigene Glaubensgemeinschaft gründete. Beispielsweise wurde die Jodo-shu, die von dem Priester Honen Shonin gegründet worden war, von Enryakuji äußerst streng behandelt. Indem Neuauflagen und auch die Druckstöcke vernichtet wurden, verhinderten die Enryakuji-Mönche in einem Zeitraum von rund 300 Jahren das Erscheinen etlicher Auflagen des Senchakushu, eines wichtigen Werks von Honen.

Die Attacke der Ikko-ikki und des Enryakuji auf die Nichiren-Tempel in Kyoto hatten mit Politik vermutlich ebensoviel zu tun wie mit religiösem Fanatismus. Dennoch erfolgte die Zerstörung so gründlich, dass die Nichiren-Gemeinschaft in Kyoto lange

**Die Rüstung, die von Shimotsuma Nakayuki getragen wurde, dem Führer der Ikko-ikki-Armeen während der Belagerung des Ishiyama Honganji.**

Zeit abwesend war und auch anschließend kaum in nennenswerter Zahl vertreten war. Im Gegensatz dazu gab es aber eine geschlossene Allianz aus Tendai-, Shingon- und Shinshu-Kampfmönchen, als Hideyoshi 1585 Negoroji angriff. Vielleicht hatte man zu dieser Zeit erkannt, dass es einen größeren Feind zu bekämpfen galt. Die Zerstörung von Mount Hiei durch Nobunaga hatte auf jeden Fall alle Religionsgemeinschaften aufhorchen lassen.

## Die religiöse Welt der Ikko-ikki

Die fanatische Ikko-ikki-Bewegung entwickelte sich aus einem späten Ableger der Jodo-Glaubensgemeinschaft, dem Shinshu oder Jodo Shinshu (die Religionsgemeinschaft vom wahren, reinen Land), gegründet von Shinran Shonin (1174-1268). Diese Religion ist heute die größte buddhistische Konfession in Japan. Wir verwenden in diesem Buch nur den Begriff „Shinshu", um Verwechslungen zu vermeiden. Der Führer der Shinshu war im 15. Jahrhundert Rennyo (1415-99), der als Prediger zu solchem Ruhm gelangte, dass die Kampfmönche von Mount Hiei sein Zuhause niederbrannten und ihn zwangen, nach Kaga zu fliehen.

Auch wenn die Ikko-ikki in religiösen, gesellschaftlichen und politischen Ansichten von denen des Enryakuji Welten entfernt waren, wies diese „zielstrebige" Gruppierung bemerkenswerte Gemeinsamkeiten auf, was das Fehlen religiöser Toleranz angeht. Die Grundlage für den Glauben von Jodo und Jodo-Shinshu war die entschlossene Hingabe zur Verehrung von Amida, dem höchsten Buddha des Jodo (das Reine Land) im Westen, der alle seine Anhänger nach ihrem Tod in seinem Paradies des Reinen Landes willkommen heißt. Diese Lehre stand im krassen Gegensatz zu den älteren Glaubensgemeinschaften, die darauf beharrten, dass durch Studium, Arbeit oder Askese ein Zustand der Erleuchtung erreicht wird. Für die Mönche des Enryakuji war das eine illusorische Abkürzung hin zur Errettung.

Shinshu versprach sogar einen noch direkteren Weg in den Himmel als Jodo. „Ruf den Namen von Amida, und du wirst errettet werden - jetzt!" So lautete die Formel des Gründers der Glaubensgemeinschaft, womit sich auch die Praxis des Nembutsu erklärt, die „Anrufung Buddhas", eine Gebetsformel, der man sogar auf dem Schlachtfeld begegnete und die von einem Gläubigen bis zu 60.000 Mal am Tag wiederholt werden konnte. Dieser Ruf wurde das Motto der Ikko-ikki-Armeen. Shinshu nahm alle in seine Gemeinde auf und verlangte weder Meditation, noch schrieb er einen intellektuellen Weg zur Errettung vor. Da den Klerikern nicht auferlegt wurde, im Zölibat oder fernab jeder Zivilisation zu leben, war es ihnen möglich, viel freier zwischen dem Bauernvolk zu predigen, so dass der Einfluss beim gemeinen Volk rasch wuchs.

Es gibt keinen Zweifel daran, dass Religion einen großen Einfluss auf das Leben der Mitglieder der Ikko-ikki hatte, die Japans Musterbeispiel für einen „heiligen Krieger" waren. Die „monto" begrüßten den Kampf, da ihr Glaube ihnen versprach, das Paradies sei die sofortige Belohnung für den Tod in einer Schlacht. Nichts konnte sie daher beeindrucken. Auf einem Papier, das ein Bild von Amida Buddha zierte, wurden Schwüre unterschrieben, und die Namen aller Unterzeichner wurden im Kreis angeordnet, damit es niemanden geben konnte, der über ei-

**Die Pagode des Negoroji ist alles, was von den Gebäuden erhalten geblieben ist, die hier standen, bevor Hideyoshi 1585 seinen Angriff startete.**

**Links: In dieser Illustration aus dem Kasuga Gongen Reikenki treten die Kampfmönche von Nara den Samurai der Taira entgegen, um ihre Tempel zu verteidigen. Nur ein Mönch ganz links trägt eine Kapuze.**

**Unten: Der Tempel von Nishi Honganji in Kyoto, ein Symbol für die Lösung des Problems der Kampfmönche. Er ist eines der beiden Jodo Shinshu-Hauptquartiere in Kyoto.**

nem anderen stand. Bei manchen Anlässen wurden diese Dokumente verbrannt, die Asche wurde in Wasser aufgelöst, und der daraus resultierende Sud wurde als ein finsteres und bindendes Gelöbnis von den Verbündeten getrunken.

Dass die Ikko-ikki-Gemeinden viele verschiedene gesellschaftliche Schichten aufnahmen, war den Samurai ein besonderer Dorn im Auge. Vor der Schlacht von Azukizaka schrieb Ieyasus Gefolgsmann Sakai Tadatsugu an die Ikko-ikki-Tempel in der Provinz Mikawa. In seinem Brief forderte er sie auf, sich dessen bewusst zu werden, dass die Tatsache, „dass man sich den Kopf rasiert und priesterliche Gewänder trägt, nichts weiter bedeutet, als die äußerlichen Anzeichen von Frömmigkeiten anzunehmen, so wie bei einer Fledermaus, die vortäuscht, ein Vogel zu sein“. Es ist offensichtlich, dass Ieyasu die populistischen Massen der Monto nicht als „echte Mönche“ ansah.

Ohne einen allzu bemühten Vergleich heranzuziehen, kann es hilfreich sein, wenn man das Christentum heranzieht: Jodo könnte man in etwa als „protestantisch“ ansehen, Tendai dagegen als „katholisch“ und Shinshu als eine japanische Form von „militantem protestantischem Fundamentalismus“, die dem Calvinismus ähnelt.

Nichiren-shu war eine weitere fundamentalistische Buddhisten-Gemeinschaft, die nach ihrem Gründer benannt wurde, dem Mönch Nichiren, der während des 13. Jahrhunderts gemartert wurde und der dafür bekannt war, dass er die Invasionen durch die Mongolen prophezeite. Die Glaubensgemeinschaft war auch als Hokke-shu (Lotus-Gemeinschaft) bekannt, angelehnt an die Bedeutung, die ihre Anhänger dem Lotus Sutra beimaßen und der sie durch ihr Motto und ihren Schlachtruf „Namu myoho renge kyo“ („Verehrung dem Sutra vom Lotus der wunderbaren Lehre“) Ausdruck verliehen.

Zen brachte niemals Kampfmönche hervor. Das hing ohne Zweifel wenigstens zum Teil damit zusammen, dass Zen kein derartiges Dogma kannte. Wie formulierte doch ein Spaßvogel, der die Details in den Unterschieden zwischen Tendai, Shingon und Jodo beschrieben hatte: „Zen besitzt weder Rhythmus noch Vernunft.“ Wie bereits erwähnt, hatten die Zen-Tempel von Kyoto und der Tempel Enryakuji ihre Differenzen, doch es scheint, als wäre es zwischen ihnen nie zu Kämpfen gekommen, wenn man vom Omi-Grenzzwischenfall einmal absieht. Andere Konflikte wurden durch Dritte gelöst, und Zen hatte einige sehr mächtige Samurai-Gönner, die bereit waren, für ihre Sache einzutreten. Heute ist Zen die bekannteste buddhistische Religionsgemeinschaft in Kyoto.

Zur Diskussion über den religiösen Glauben sei noch angemerkt, dass in Japan im 16. Jahrhundert eine weitere Gemeinschaft hinzukam, die zum religiösen Milieu beitrug. Es handelte sich um das Christentum, das 1549 die Szene betrat. Auch wenn dessen Anhänger eine Ergebenheit an den Tag legten, wie man sie sonst nur von den Ikko-ikki kannte, gab es zu keiner Zeit christliche Kampfmönche. Die engste Parallele dazu ist vermutlich die Gemeinde, die 1638 die Shimbara-Rebellion anführte. Deren Verteidigung der Burg Hara gegen die Truppen des Shoguns weist bemerkenswerte Übereinstimmungen zur Geschichte von der Verteidigung Nagashimas auf. Doch es gab eindeutig kein Zusammengehörigkeitsgefühl über diese religiöse Kluft hinweg, und eine der wenigen Bemerkungen, die ein Europäer über die japanischen Kampfmönche gemacht hat, fällt sehr ätzend aus. Sie stammt von dem Jesuiten-Missionar Pater Luis Frois, der die Zerstörung von Mount Hiei alles andere als mitfühlend beschrieb, wenn er ausführt, wie Nobunaga „diese falschen Priester auf die entsetzlichste Weise abschlachtete“, um dann abschließend zu bemerken: „Und so bestrafte Gott diese Feinde seines Ruhms im Jahre 1571.“

# Rekrutierung und Dienst der Kampfmönche

Auch wenn der größte Teil der Kampfmönche anfangs eine echte Loyalität gegenüber den dargestellten religiösen Idealen gehabt haben musste, ist es offensichtlich, dass sich die Armeen von Mount Hiei nicht nur aus frommen Mönchen zusammensetzten. Wir kamen schon weiter oben auf die Vermutung zu sprechen, dass Ryogens ursprüngliche Rekruten nichts weiter als gewöhnliche Söldner gewesen sein könnten, doch es gab auch noch eine andere Kategorie von Kampfmönchen: diejenigen, die sich aus persönlichen Gründen, beispielsweise Armut, Aussicht auf Ruhm oder der Wunsch, vor einer Strafverfolgung in Sicherheit zu sein, den Gemeinden anschlossen. Das war der Stereotyp des „akuso“ (des bösen Mönchs), der von allen Widersachern geschätzt wurde, doch in diese Kategorie fielen auch einige berühmte Individuen, die außergewöhnliches militärisches Talent besaßen.

## Benkei

Der Archetyp des Individualisten unter den Kampfmönchen ist natürlich der legendäre Benkei. Den weit verbreiteten Geschichten über ihn zufolge war Benkei ursprünglich Angehöriger der Enryakuji-Gemeinde gewesen, aus der man ihn aber wegen schlechten Benehmens ausgeschlossen hatte. Nachdem Benkei einen verlassenen Schrein irgendwo auf dem Mount Hiei gefunden hatte, ließ er sich dort häuslich nieder und beabsichtigte, ihn zu einem Ein-Mann-Kloster zu machen. Seinem neuen Tempel mangelte es an einer Glocke, woraufhin der groß gewachsene und körperlich starke Benkei nach Miidera marschierte und dort die Glocke vom Burghof stahl. Auf seinen Schultern trug er sie zurück auf den Hügel, doch als er versuchte, die Glocke zu schlagen,

**Ein Kampfmönch in komplettem Gewand und mit allen Waffen posiert für dieses Foto aus dem späten 19. Jahrhundert. Die Details sind sehr akkurat. Man beachte die gemusterte Kapuze und das typische Priestergewand, unter dem der Rand seiner Rüstung hervorlugt. Er trägt gepanzerte Ärmel und hält die traditionelle Naginata in der Hand.**

**Ein Kampfmönch mit Kapuze, der auf einem Pferd reitet. Er scheint einen gegnerischen Kampfmönch vom Boden gezogen zu haben und traktiert ihn mit Fausthieben.**

gab die nur ein klagendes Stöhnen von sich, das aussagen sollte, dass sie nach Hause zurückkehren wollte. Daraufhin verpasste Benkei ihr einen kräftigen Tritt, der sie hügelabwärts nach Miidera rollen ließ. Die wütenden Mönche verlangten von ihm, sie wieder in den Glockenturm zu hängen.

Benkeis berühmteste Taten betreffen seine Beziehung zum großen Samurai-General Minamoto Yoshitsune. Zum ersten Mal begegneten sie sich auf der Goto-Brücke in Kyoto, wo Benkei damit beschäftigt war, vorübergehenden Samurai wertvolle Schwerter zu stehlen. Diesen Trick versuchte er auch bei Yoshitsune, der ihn im Zweikampf schlug, ähnlich so, wie es sich der Legende nach zwischen Robin Hood und Little John zugetragen hatte. Von diesem Tag an wurde Benkei zu Yoshitsunes treuem Gefährten. Er kämpfte an seiner Seite in Ichi no tani, Yashima und Dan no Ura, und er begleitete ihn auf seinen Wanderungen, als der auf der Flucht war vor dem Zorn seines eifersüchtigen Bruders Minamoto Yoritomo. Diese Erlebnisse, bei denen sie getarnt durch Japan reisten, sind zur Grundlage für zahlreiche klassische, in japanischen Theatern aufgeführten Stücke geworden.

Benkei und Yoshitsune kamen in der Schlacht von Koromogawa im Jahre 1189 ums Leben. Die Chronik Gikeiki liefert uns ein unvergessliches Bild vom Mut eines Kampfmönchs, wenn beschrieben wird, wie Benkei mit der Naginata in der Hand die Feinde zurückhielt, während sein Meister „hara kiri“ beging. Er stand da, blutverschmiert und so von Pfeilen durchbohrt, dass er wie ein Stachelschwein aussah. Ein Samurai meinte, Benkei trage einen „horo“ verkehrtherum. Ein Horo war eine Art Umhang, doch was der Mann sah, war Benkeis Blut, das aus seinem Körper strömte. Er stand so unbeweglich da wie der große Gott Fudo, bis ein Windstoß von einem vorüber galoppierenden Pferd ihn umkippen ließ. Erst da erkannten alle, dass er schon eine ganze Weile tot gewesen war. Er war auf seinem Posten stehend gestorben.

## Die Kampfkünste der Mönche

Es gibt Berichte über einen weiteren bemerkenswerten Kampfmönch, diesmal aus dem 16. Jahrhundert. Sein Name war Inei, und er war der oberste Priester des Hozo-In, eines Untertempels vom Kofukuji. Über Armeen von Kampfmönchen aus Kofukuji während der Sengoku-Periode liest man so gut wie nichts, daher fällt Ineis Interesse an den Kampfkünsten so aus dem Rahmen.

Inei war ein eifriger und gewandter Anhänger des Speerkampfes mit dem „yari“, dem geraden Speer, der die Naginata fast völlig ersetzt hatte. In einer Nacht übte er mit seinem Speer am Teich von Sarusawa. Der Hals der Klinge an der Stelle, an der sie in den Schaft übergeht, spiegelte sich im Wasser des Teichs wider und verschmolz dort mit dem Spiegelbild des Halbmondes. Dieses Bild brachte Inei auf die Idee, seinen Speer um eine halbmondförmige Klinge zu ergänzen. Diese Waffe wurde als das „kamayari“ des Hozo-In bekannt. Ineis Schüler Shuji trug einen berühmten Kampf Mann gegen Mann mit dem auf Wanderschaft befindlichen Schwertkämpfer Miyamoto Musashi aus, aus dem Musashi zwar als Sieger hervorging, Shuji sich aber um den Respekt der Kampfmönche verdient machte.

### Die Samurai-Mönche

Als letztes Beispiel für den individuellen Kampfmönch müssen die zahlreichen Samurai Erwähnung finden, die gleichzeitig auch geweihte Buddhistenpriester waren. Einige der bedeutendsten Namen unter den Sengoku-Daimyo hatten sich heiligen Orden zugewandt, und einen Hinweis auf ihren Status kann man in zeitgenössischen Zeichnungen finden. Uesugi Kenshin wird daher üblicherweise mit einer über den Kopf gezogenen Mönchskapuze dargestellt. Mehrere Bilder von Takeda Shingen in Rüstung zeigen ihn mit einer „kesa“ (einer zeremoniellen Schärpe) quer über die Brustplatte. Ansonsten werden kleine Ergänzungen an den Kostümen vorgenommen, die einfach nur die buddhistische Hingabe unterstreichen. Honda Tadakatsu beispielsweise wird oft mit einem großen hölzernen Rosenkranz gezeigt, und viele anderen Künstler griffen auf Flaggen mit buddhistischen Motiven zurück. Damit ist klar, dass die Armeen, in denen diese Männer dienten oder die sie sogar anführten, keine Armeen aus „Kampfmönchen“ waren. Allerdings war ihre religiöse Motivation in vielen Fällen maßgeblich für ihr Verhalten.

Viele Daimyo, die alle keine Mönche waren, pflegten ihren buddhistischen Glauben. Tokugawa Ieyasu beispielsweise begab sich 1560 zum Tempel von Daijuji - dem Tempel seiner Vorfahren - in Okazaki, nachdem die Familie Imagawa geschlagen worden war, deren Vasall er zu der Zeit war. Seine Absicht war es, vor den Gräbern seiner Ahnen hara kiri zu begehen. Toyo, der oberste Priester, schaffte es, ihn von seinem Vorhaben abzubringen und überreichte Ieyasu ein weißes Banner, auf dem geschrieben stand: „Entsagt dieser schmutzigen Welt, strebt das Reine Land an.“ Ieyasu sollte dieses Banner in all seinen nachfolgenden Schlachten mitführen, auch in solchen, die gegen die Ikko-ikki geführt wurden.

## Alltag und Ausbildung

### Alltag in Negoroji

Es fehlt an Quellen, die authentisch darüber berichten, wie ein Kampfmönch von Nara oder Mount Hiei seinen Tag in militärische Ausbildung, Gebete, Studium und Meditation einteilte. Im Gegensatz dazu vermittelt ein Bericht ein lebendiges Bild vom Alltag der Kampfmönche in der Sengoku-Periode. Verfasst wurde er von dem Jesuiten-Missionar Pater Caspar Vilela. Er besuchte das Kloster von Negoroji, dessen Kampfmönche zur Shingi-Glaubensgemeinschaft gehörten. Shingi - wörtlich übersetzt bedeutet es „neue Bedeutung“ - war ein Ableger von Kobo Daishis Shingon-Glaubensgemeinschaft. Der Mönch Kakuhan (Kokyo Daishi) gründete diesen Ableger im 12. Jahrhundert. Die Negoroji-Mönche waren besonders interessant, weil sie dafür bekannt waren, dass sie Schusswaffen benutzten und Ishiyama Honganji mit einem Kontingent Hakenbüchsen versorgt hatten.

Vilela beschrieb das Erscheinungsbild der Negoroji-Krieger als mit den Rittern von Rhodes vergleichbar. Das war ein scharfsinniger Kommentar, und es ist klar, dass Vilela die Grausamkeit bei der Verteidigung von Rhodes gegen die Ottomanen im Jahre 1522 vor Augen hatte. So wie die Ritter von St. John waren die Kampfmönche von Negoroji ihrer Religion treu ergeben und auch bereit, für sie zu

**Ein Kampfmönch in Aktion. Der Mann im Hintergrund hält die berühmte Naginata und trägt ein Priestergewand sowie eine Kapuze.**

Die Kampfmönche von Mount Hiei mitsamt ihrem heiligen Mikoshi auf dem Weg nach Kyoto. Diese interessante Zeichnung enthält eine Fülle von Details über das Erscheinungsbild der Sohei. Einige tragen keine Kapuzen, aber die Naginata sind nicht zu übersehen.

kämpfen. Vilela argwöhnte jedoch, dass die meisten von denen, die er sah, keinen Mönchseid abgelegt hatten, da sie ihr Haar lang trugen und im Umgang mit Waffen vertraut waren, und dass ihre klösterlichen Regeln mehr Wert auf militärische Vorbereitung legten, weniger auf die Gebete.

Er vermittelt auch eine gute Vorstellung von der Ausbildung der Kampfmönche. Jedes Mitglied musste am Tag fünf oder sieben Pfeile herstellen, außerdem wurde einmal pro Woche im Wettkampf mit Bogen und Hakenbüchse trainiert. Helme, Rüstung und Speere waren von erstaunlicher Stärke - mit den Worten Vilelas ausgedrückt: „Ihre scharfen Schwerter konnten sich durch einen Mann in Rüstung so mühelos schneiden, wie es das Fleischermesser mit einem zarten Rumpsteak macht!" Die Kampfübungen untereinander wurden mit großer Heftigkeit geführt, und der Tod eines in der Ausbildung befindlichen Kampfmönchs wurde ohne Gefühlsregung hingenommen. Während sie auf dem Schlachtfeld furchtlos agierten, genossen sie das Leben in friedlichen Zeiten ohne die Einschränkungen, die man normalerweise mit Askese verbindet - Wein, Weib und Gesang eingeschlossen.

### Die Ernährung der Kampfmönche

Es ist nicht anzunehmen, dass der durchschnittliche Kampfmönch das buddhistische Gebot, kein Fleisch zu essen, in irgendeiner Weise ernster nahm als das Gebot, keinen Menschen zu töten. Seine normale Ernährung war karg und einfach, wenngleich auch höchst nahrhaft. Auf dem Speiseplan standen vor allem Reis, Fisch, Gemüse, Algen, Salz und Früchte, gelegentlich bereichert um Wildbret, Wildschwein und erlegte Vögel. Der Reis wurde in einem Topf gekocht, mit Gemüse oder Algen gemischt, gedünstet oder zu „o-nigiri" (Reisbällchen) verarbeitet. Mochi (Reiskuchen) wurden aus Reismehl oder aus einer Mischung aus Reis und Weizenmehl zubereitet. Aus Wildreis konnte man auch Suppe machen, in die man Auberginen, Gurken, Pilze und anderes Gemüse gab. Lag das Kloster nahe der See, konnte der Speiseplan auch um Fisch, Schellfisch und Algen erweitert werden. Den Fisch aß man roh (sashimi) oder er wurde geröstet, gebraten oder durch Trocknen oder Räuchern länger haltbar gemacht. Zu den üblichen Getränken eines Kampfmönchs gehörten grüner Tee und Sake (Reiswein).

## Die Kampfmönche auf dem Feldzug

Wie bereits erwähnt zogen die Kampfmönche üblicherweise in ihrem eigenen Interesse in die Schlacht. Manchmal verbündeten sie sich aber auch mit Samurai-Armeen. In den Fällen, in denen ein Samurai-Führer die Dienste der Kampfmönche nutzen wollte, fanden detaillierte Diskussionen über die Einzelheiten eines solchen Dienstes statt. Es gibt aber auch ein drastisches Beispiel dafür, dass diese Verhandlungen gründlich schief gehen konnten. Es war im Jahr 1180 in Nara, als Taira Kiyomori Unterhändler losschickte, um eine Allianz auszuhandeln. Die Mönche attackierten jedoch diese Kuriere und rasierten ihnen gegen ihren Willen den Kopf. Dann machten sie alles nur noch schlimmer, da sie einen Holzkopf schnitzten, ihn den Kopf von Kiyomori nannten und ihn auf dem Burghof hin und her kickten!

## Der Protestmarsch der Mönche

Für den kaiserlichen Hof stellten die Kampfmönche die größte Gefahr dar, sobald sie ihren Zorn auf die Straße von Kyoto und sogar bis vor die Tore des Kaiserpalastes trugen. Diese klösterlichen „Protestmärsche" waren eine ungestüme Angelegenheit, der die Mönche noch eine zusätzlich einschüchternde Note verliehen, indem sie die heiligen „mikoshi" (die tragbaren Schreine) mit nach Kyoto brachten. Im Heike Monogatari werden mehrere derartige Vorfälle beschrieben, von denen einer dadurch entstand, dass ein Mönch vom Mount Hiei von einem Höfling ermordet worden war.

Für die Kaiserfamilie, die ansonsten ein wohlbehütetes und privilegiertes Leben führte, war die Demonstration der Kampfmönche in Kyoto eine furchterregende Sache. Dieser Marsch war so angsteinflößend wie ein militärischer Feldzug, da die Mönche eine unsichtbare Waffe mit sich führten: die Furcht vor den Göttern, die sie repräsentierten. Gegen Ende des 11. Jahrhunderts hatten die Kampfmönche diese Abläufe zur Perfektion gebracht. Wenn das Opfer, das man auserkoren hatte, ein Mitglied der Familie Fujiwara war (eine Bedingung, die von so gut wie jedem am kaiserlichen Hof erfüllt wurde), marschierten die Kampfmönche nach Kyoto und trugen Zweige des Sakaki-Baums mit sich, die von den Kannushi des Kasuga-Schreins - dem Schrein des Schutzherrn der Fujiwara - für diesen Anlass geweiht worden waren. Um ihrem Argument noch mehr Nachdruck zu verleihen, konnten die Mönche eine Beleidigung des Kasuga-Schreins erklären - ein Schicksal, das schlimmer war als der Tod.

Für die Mönche vom Mount Hiei bestand die bedeutendste Geste darin, den Mikoshi des Bergkönigs Sanno zu tragen. Auch heute kann man Mikoshi immer wieder zu sehen bekommen, wenn irgendwo in Japan ein Schrein-Fest stattfindet. Die Mikoshi werden eigentlich mehr mit der Shinto-Religion als mit dem Buddhismus in Verbindung gebracht, doch in der Zeit der Kampfmönche waren Shinto und Buddhismus eng miteinander verbunden. Sannos Schrein war der Hiyoshi-Schrein am Fuße des Mount Hiei. Sobald sich die Mönche auf den Weg in die Hauptstadt machten, hielten sie hier kurz an und holten den Mikoshi ab, in den der Kannushi in einem Ritual den „mitama" (den Geist) von Sanno übertrug.

Rund 20 Mönche trugen den Mikoshi auf Stangen, exakt so, wie Schreine heutzutage auch bei Feierlichkeiten transportiert werden. Jeder Angriff auf den Mikoshi wurde als eine Attacke auf den Kami Sanno persönlich gewertet. Jeder Mönch trug außerdem einen buddhistischen Rosenkranz mit sich und war stets bereit, sofort einen Fluch über jeden auszusprechen, von dem er sich beleidigt fühlte. Bei einer Gelegenheit sangen die Mönche alle 600 Kapitel des Dai Hannya Kyo (ein buddhistisches Sutra) als Fluch. Manchmal wurden die Mikoshi auf den Straßen zurückgelassen, während die Mönche in die Berge zurückkehrten, und blieben zum Entsetzen der Bürger solange dort stehen, bis die Mönche zufriedengestellt waren. Diese subtile Form der Erpressung kam erstmals 1082 zum Einsatz.

**Tajima, der Bogenschnitzer - der Kampfmönch, der der Held der Schlacht von Uji war -, als Elfenbeinstatue.**

## Straßenkämpfe

Der kaiserliche Hof war durch ein solches Verhalten besonders leicht einzuschüchtern, da das Leben aller am Hof nach streng religiösen und astrologischen

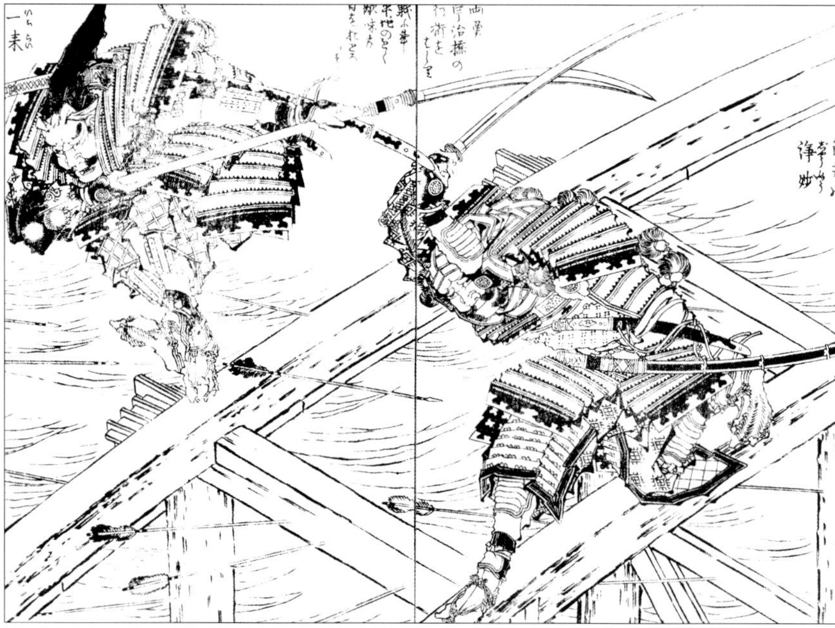

**Der heldenhafte Mönch Ichirai Hoshi springt über seinen Gefährten Tsutsui Jomyo, um sich in der Schlacht von 1180 dem Feind auf der zerstörten Brücke von Uji entgegenzustellen.**

Regeln ausgerichtet war. Mount Hiei bildete damit natürlich die spirituelle Führung. Doch die neue herrschende Klasse mächtiger Samurai des 12. Jahrhunderts ließ sich nicht so leicht einschüchtern, und im Jahre 1146 kam es zur ersten gravierenden Konfrontation zwischen den Kampfmönchen und einem jungen Samurai namens Taira Kiyomori. Am Tag des Gion-Festes in Kyoto stritt einer von Kiyomoris Gefolgsleuten mit einem Priester des Gion-Schreins, als dessen Mikoshi zur Schau gestellt wurde. Aufgrund der hochtrabenden Missachtung des Samurai für religiöse Details feuerte Kiyomori vorsätzlich einen Pfeil auf den Mikoshi ab. Der traf den Gong, der vorausgetragen wurde, und verkündete damit laut und deutlich das soeben begangene Sakrileg. Kiyomori war ein großes Risiko eingegangen. Ungeachtet der Gefühle des beleidigten Kannushi herrschte der weit verbreitete Glaube, jeder, der einen Mikoshi angriff, würde auf der Stelle totgeschlagen. Doch Kiyomori überlebte und stellte fest, dass er in ein Wespennest gestochen hatte.

Voller Wut über die Beleidigung gegen einen Mikoshi machten sich 7000 Kampfmönche von Mount Hiei auf den Weg in die Hauptstadt und forderten Kiyomoris Blut. Sie erwarteten, dass er verbannt würde, doch die Zeiten hatten sich geändert. Der kaiserliche Hof war längst abhängig von den Samurai-Armeen wie der von Kiyomoris Taira-Clan, wenn es darum ging, sich gegen Übergriffe zur Wehr zu setzen, eingeschlossen solche, die klösterlichen Ursprungs waren. Es war daher wichtiger, zu Kiyomori zu stehen, als die Mönche zu besänftigen, so dass der Hof Kiyomori gegen Zahlung einer sehr geringen Geldstrafe freisprach.

Wenige Zwischenfälle sind besser geeignet, die wachsende Macht der Samurai im Land zu verdeutlichen, als Kiyomoris persönliche Missachtung. Mit nur einem Pfeil hatte ein Samurai-Anführer die Seifenblase von den klösterlichen Ansprüchen platzen lassen. Durch diese Tat wuchs die Macht der Familie Taira, während der Einfluss der Mönche im Sinken begriffen war, bis beide schließlich von den Verheerungen des Gempei-Krieges geschluckt wurden.

Im Heike Monogatari wird auch noch ein anderer Vorfall geschildert, als sich die trotzigen Sohei der Hauptstadt näherten und den Mikoshi des Bergkönigs mit sich führten: „Als sie von Osten her in die Ichijo [eine Straße in Kyoto] einbogen, begannen sich die Menschen zu fragen, ob Sonne und Mond vom Himmel gefallen sein mochten.“ Sie marschierten durch die Stadt bis zum Kaiserpalast, wo ihnen bewaffnete Samurai-Wachen und Infanteristen am Nordtor den Weg versperrten. Die Samurai unterstanden dem Kommando von Minamoto Yorisama, der später in der Schlacht von Uji Seite an Seite mit den Mönchen kämpfen sollte. Er bekundete seinen großen Respekt vor dem heiligen Mikoshi: „Dann sprang Yorisama flink von seinem Pferd, nahm den Helm ab und spülte sich den Mund mit Wasser aus, während er vor dem heiligen Emblem demütig seine Ehrfurcht demonstrierte und seine dreihundert Gefolgsleute sofort seinem Beispiel folgten.“

**Die Kampfmönche von Nara eilen zur Verteidigung ihres Tempels, als Taira Shigehira im Jahre 1180 angreift.**

Die Mönche zögerten, da ihnen die Anwesenheit des respektierten (und respektvollen) Yorimasa bewusst war. Sie entschieden, stattdessen ein anderes Tor anzugreifen. Hier wurden sie nicht von einem diplomatischen General erwartet, sondern vom Pfeilhagel berittener Samurai:

> *Ein Kampf entbrannte, da die Samurai ihre Bogen hochnahmen und auf sie zu feuern begannen, so dass zahlreiche Pfeile den heiligen Mikoshi vom Tempel Juzenji trafen und auch einige Priester getötet wurden. Viele Anhänger wurden verletzt, und die Schreie und das Stöhnen stiegen sogar hinauf in die Höhen des Bonten-Paradieses, während Kenro-Chijin, die mächtige Erd-Gottheit, mit Bestürzung reagierte. Dann flohen die priesterlichen Banden klagend zurück zu ihren Tempeln, während sie den Mikoshi vor dem Tor zurückließen.*

# Die Kampfmönche in der Schlacht

## Individuelle Waffenkenntnisse

Die traditionelle Waffe der Kampfmönche, die Naginata, machte einen völlig eigenen Kampfstil erforderlich. Unerbittliche Schläge waren die übliche Art zu kämpfen, wodurch äußerst hässliche Wunden zugefügt werden konnten. Ein rascher Hieb nach oben in die ungeschützte Leistengegend war ein bevorzugtes Manöver, während ein Mönch zu Pferd sich in seine Steigbügel stellen und die Naginata um sich kreisen lassen würde. War der Mönch zu Fuß unterwegs, ließ er die Waffe mit hoher Geschwindigkeit von einer Hand in die andere wandern, oder aber er ließ sie kreisen wie ein Wasserrad.

Im Heike Monogatari gibt es eine berühmte Schilderung des Kampfs dreier Kampfmönche während der ersten Schlacht von Uji im Jahre 1180. Aus dieser Darstellung ist oft zitiert worden, doch eine gründliche Analyse lohnt sich, da es sich um die umfassendste Schilderung aller japanischen Chroniken darüber handelt, wie die Naginata und andere Waffen der Mönche eigentlich benutzt wurden. Wie bereits gesagt, waren die Kampfmönche von Miidera und die Minamato-Samurai unter Minamato Yorisama nach Süden marschiert, um zu den Mönchen von Kofukuji zu stoßen. Die Nacht war jedoch bereits fast vorüber, als sie den Fluss Uji erreichten, der als natürlicher Graben im Süden von Kyoto dient. Als sie erkannten, dass sie von den Taira verfolgt wurden, rissen sie die Bretter der Brücke über den Uji heraus und verbrachten die Nacht im Byodo-In-Tempel am Südufer. Die Geschichte von der Beteiligung der Kampfmönche nimmt mit einem flinken Sohei ihren Lauf, der über die Balken der Brücke eilte und seine Naginata wie einen Propeller kreisen ließ, um die auf ihn abgefeuerten Pfeile abzuwehren:

> *Dann warf Gochin no Tajima die Scheide seiner langen Naginata weg und ging allein weiter über die Brücke, woraufhin die Heike sofort das Feuer auf ihn eröffneten. Tajima, der davon keineswegs beunruhigt war, duckte*

**Die Mönche von Nara versuchen vergeblich, die Flammen zu ersticken, die den Todaiji vernichten. Dass Shigehira Nara in Schutt und Asche legte, erschütterte die Gemeinden der Kampfmönche und setzte ihrer Beteiligung am Gempei-Krieg ein Ende.**

*sich, um den höher gezielten Pfeilen auszuweichen, sprang über jene hinweg, die tief geflogen kamen, und mit seiner wirbelnden Naginata zerschlug er die, die direkt auf ihn zuflogen, so dass sogar seine Gegner ihn bewundert ansahen. Daher nannte man ihn „Tajima den Pfeile-Schneide".*

Später im gleichen Bericht wird Tajima auf der Brücke von seinem Kameraden Tsutsui Jomyo Meishu nachgefolgt, der auf deutliche Weise das kämpferische Geschick des einzelnen Kampfmönchs demonstriert. Jomyo sprang zuerst auf die Balken, die am Flussufer aus dem Wasser ragten, und forderte die Taira heraus, mit ihm zu kämpfen:

*Indem er seine vierundzwanzig Pfeile wie Blitze abschoss, tötete er zwölf der Heike-Soldaten und verletzte elf weitere. Ein Pfeil war jedoch noch in seinem Köcher verblieben, doch er warf seinen Bogen weg, streifte den Köcher ab und warf ihn dem Bogen hinterher. Dann zog er seine Schuhe aus und sprang barfuß auf die Balken der Brücke, um dort voranzuschreiten.*

Von Pfeil und Bogen wechselte er zu Naginata, Schwert und Dolch:

*Mit seiner Naginata mäht er fünf seiner Feinde nieder, doch beim sechsten zerbricht die Naginata mittendurch. Noch während er sie wegwirft, zieht er sein Tachi und wirbelt es in den Schwertkampfstilen Zickzack, verschränkt, über Kreuz, umgekehrte Libelle, Wasserrad und acht Seiten zugleich, mit dem er acht Männer gleichzeitig zu Fall bringt. Doch als er den neunten mit einem außergewöhnlichen kräftigen Schlag auf den Helm fällte, brach die Klinge am Heft ab und fiel mit lautem Klatschen in das Wasser unter ihm. Dann griff er nach seinem Tanto, der einzigen Waffe, die ihm noch geblieben war, und kämpfte mit ihr wie ein von Raserei erfasster Mann.*

Aus dem Heike Monogatari erfahren wir über Jomyo, dass er beim Rückzug aus dem Kampf 63 Pfeile in seiner Rüstung stecken hatte, was keineswegs unwahrscheinlich ist, da auch andere Chroniken darüber schreiben. Ein direkter Treffer zwischen die Augen wäre natürlich tödlich gewesen, doch es kam weitaus häufiger vor, dass ein Samurai an den Folgen mehrerer Treffer durch Pfeile starb. Dass mehrere Pfeile notwendig waren, lag vor allem daran, dass ihre Rüstung die Geschosse frühzeitig stoppte. Das beliebte Bild, das sich in Zeichnungen und unzähligen Filmen findet, wenn ein sterbender Samurai noch immer weiterkriecht, obwohl er von Hunderten von Pfeilen getroffen wurde, ist keine so maßlose Übertreibung. Benkei hatten wir ja schon weiter oben als Beispiel angeführt, und ein gewisser Imagawa Yorikuni, der in den Nabokucho-Kriegen kämpfte, starb erst, als er von zwanzig Pfeilen durchbohrt worden war. Es war eine enorme Leistung, dass Jomyo überlebte. Doch zuerst wollte er gar nicht seine Position verlassen:

*Inzwischen kämpfte ein Gefolgsmann ... namens Ichirai Hoshi hinter Jomyo, doch da die*

*Balken zu schmal waren, konnte er ihn nicht passieren. Also legte er eine Hand auf den Nackenteil des Helms und rief: „Entschuldige, Jomyo, das führt zu nichts." Dann machte er einen Satz über dessen Schulter und stürmte weiter zur Front, wo er nach Kräften kämpfte, ehe er fiel.*

## Die Armee der Kampfmönche in der Schlacht

Schlachten zu gewinnen, bedeutete mehr, als nur heroische Einzelkämpfe zu bestreiten. Es gibt viele Quellen, die von den stärker auf Kooperation ausgelegten Aspekten der Kriegführung der Kampfmönche berichten - so zum Beispiel während des Taira-Angriffs auf Miidera nach der Schlacht von Uji:

*Im Kloster selbst bewaffneten sich tausend Kampfmönche und bildeten einen Schild, errichteten eine Barriere aus gefällten Bäumen und erwarteten den Gegner. Zur Doppelstunde des Hasen [5-7 Uhr morgens] begannen sie, ihre Bogen zu spannen, und von da an hielt die Schlacht den ganzen Tag über an. Als der Abend kam, waren dreihundert aus den Reihen der Mönche und ihrer Männer gefallen. Dann wurden die Kämpfe in der Dunkelheit fortgesetzt, und die kaiserliche Armee drang in das Kloster ein und setzte es in Brand.*

Der Bericht im Heike Monogatari über die Verteidigung von Nara ebenfalls aus dem Jahre 1180 liest sich recht ahnlich:

*In Nara legten siebentausend Mönche, junge und alte gleichermaßen, ihre Rüstung an und bezogen Stellung bei Narasaka und Hannyaji, wo sie quer über die Straße Gräben aushoben, Brustwehre und Palisaden bauten. ... Die Mönche kämpften zu Fuß, während die kaiserliche Armee zu Pferd in die Schlacht zog. Als die Reiter ein um das andere Mal anstürmten, lichteten sich die Reihen von Nara zusehends, die dann auch noch zurückzuweichen begannen. Bei Anbruch der Nacht wurden die beiden seit dem frühen Morgen umkämpften Positionen durchbrochen.*

Taira Shigehiras berittene Samurai-Bogenschützen wurden also bis zum Einsetzen der Dunkelheit von den entschlossenen Mönchen zurückgehaltenen. Es gab keine der sonst bei Samurai-Kämpfen üblichen Gepflogenheiten, da man den Mönchshaufen nicht als würdige Herausforderung ansah. Doch als es keinem Ansturm der Kavallerie gelang, die feindlichen Linien zu durchbrechen, wurde der schicksalhafte Befehl erteilt, die tödlichste aller Waffen im Arsenal der Samurai einzusetzen: das Feuer. Es ist anzunehmen, dass Shigehira nur ein paar vereinzelte Gebäude niederbrennen wollte, um der Verteidigungslinie der Mönche die Geschlossenheit zu nehmen, doch an diesem Tag wehte ein besonders starker Wind. Der Kofukuji-Tempel wurde in Schutt und Asche gelegt, obwohl die Mönche alles versuchten, um ihn zu retten. Die Flammen griffen von dort über auf den großen Tempel Todaiji, dessen Daibutsuden (Große Buddha-Halle) die riesige Buddha-Statue beherbergte.

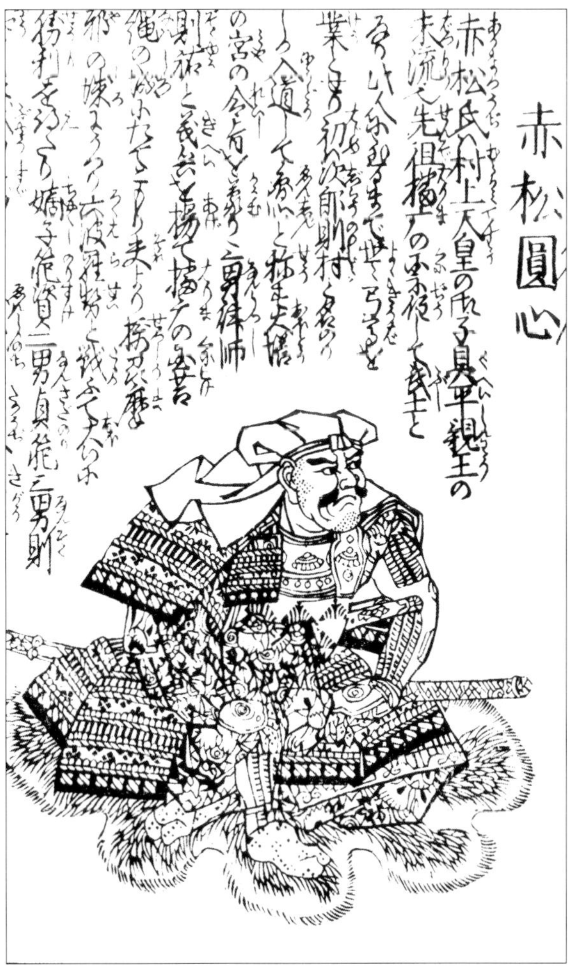


**Akamatsu Enshin, ein Samurai-Führer aus dem 14. Jahrhundert, präsentiert die Kapuze, die von Samurai getragen wurde, die ebenfalls Mönche waren. Es handelt sich im Wesentlichen um eine vereinfachte Version der Kapuze der Mönche.**

> *Zu diesem Zeitpunkt waren bei Narasaka und Hannyaji all die Kampfmönche in der Schlacht gefallen, die aus Angst vor Entehrung eine Kapitulation verschmäht hatten. Diejenigen, die noch verblieben waren, traten die Flucht nach Yoshino und Totsugawa an. Diejenigen, die für eine Flucht zu alt waren, sowie die nicht gebundenen Laien, Kinder und Mädchen dachten sehr wohl daran, sich ebenfalls in Sicherheit zu bringen, also begaben sie sich in das oberste Stockwerk der Daibutsuden oder flohen in Panik ins Innere des Yamashinadera. Rund tausend von ihnen drängten sich in die Daibutsuden und zogen die Leitern hinter sich hoch, damit die Feinde ihnen nicht folgen konnten. Aber die Flammen holten sie als erstes ein, woraufhin ein Geschrei losbrach, das nicht einmal von den Sündern in den Flammen von Tapana, Pratapana und Avitchi übertönt werden konnte, den schlimmsten der Acht Heißen Höllen.*

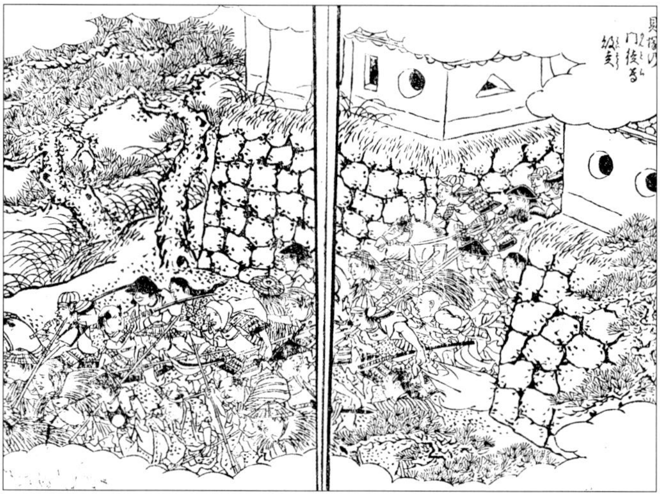

**Krieger der Ikko-ikki verlassen eine Burg. Sie sind ein wild zusammengewürfelter Haufen und tragen eine Mischung aus bäuerlicher Kleidung und Samurai-Rüstung. Sie führen Schwerter, Speere und Naginata mit sich. Manche von ihnen tragen ein Mönchsgewand.**

Der Verfasser beklagt auch die Zerstörung von Kofukuji und Todaiji, vor allem jedoch den Verlust der großen Buddha-Statue:

> *Die kolossale Statue des Vairochana Buddha aus Kupfer und Gold, deren mit einer Kuppel gekrönter Kopf bis in die Wolken hinauf ragte und von deren erhabener Stirn der heilige Juwel funkelte, schmolz durch die Hitze, so dass der Kopf auf den Boden darunter stürzte, während der Leib zu einer formlosen Masse zerschmolz.*

Insgesamt starben 3500 Menschen in den Flammen von Nara. Von den Originalgebäuden ist heute nur noch das kaiserliche Schatzhaus des Shoso-In erhalten. Die Köpfe von tausend Mönchen wurden entweder in Nara zur Schau gestellt oder mit nach Kyoto genommen.

## Taktiken der Kriegermönche im 14. Jahrhundert

Die Berichte im Taiheiki, das sich mit den Kriegen des 14. Jahrhunderts beschäftigt, zeigen, dass sich an der Art der Kampfmönche überhaupt nichts geändert hatte. Es gibt von dem Angriff von Mount Hiei auf Kyoto eine fesselnde Schilderung eines einzelnen Kampfs zwischen einem Mönch, der mit einer Naginata bewaffnet war, und einem berittenen Samurai. Einmal mehr lesen wir von dem Bild, dass eine Naginata wie ein Wasserrad umhergewirbelt wird, so wie es zuvor bei „Tajima, dem Pfeile-Schneider" der Fall gewesen war:

> *Dann stieg ein Mönch über den Schild vor ihm und sprang nach vorn, während er seine Naginata wie ein Wasserrad kreisen ließ. Es handelte sich um Kajitsu aus der Provinz Harima. Kaito erwartete ihn mit seinem rechten Arm, weil er ihm die Waffe in den Spalt am Helmrand schlagen wollte, doch das Schwert prallte ab und schnitt sich leicht von Kajitsus Schulterplatte bis zum unteren Rand seiner Rüstung. Abermals schlug Kaito kraftvoll zu, doch sein linker Fuß durchbrach den Steigbügel, und er drohte, jeden Moment von seinem Pferd zu fallen. Während er seinen Körper aufrichtete, stieß Kajitsu seine Naginata nach oben und bohrte ihre Spitze zwei- oder dreimal durch den Helm. Kaito stürzte von seinem Pferd, die Kehle präzise durchtrennt. Rasch stemmte Kajitsu sich mit seinem Fuß auf Kaitos Rüstung ab, griff ins seitliche Haar und schnitt ihm den Kopf ab, um ihn dann an seiner Naginata zu befestigen. Hocherfreut verhöhnte er den Feind.*

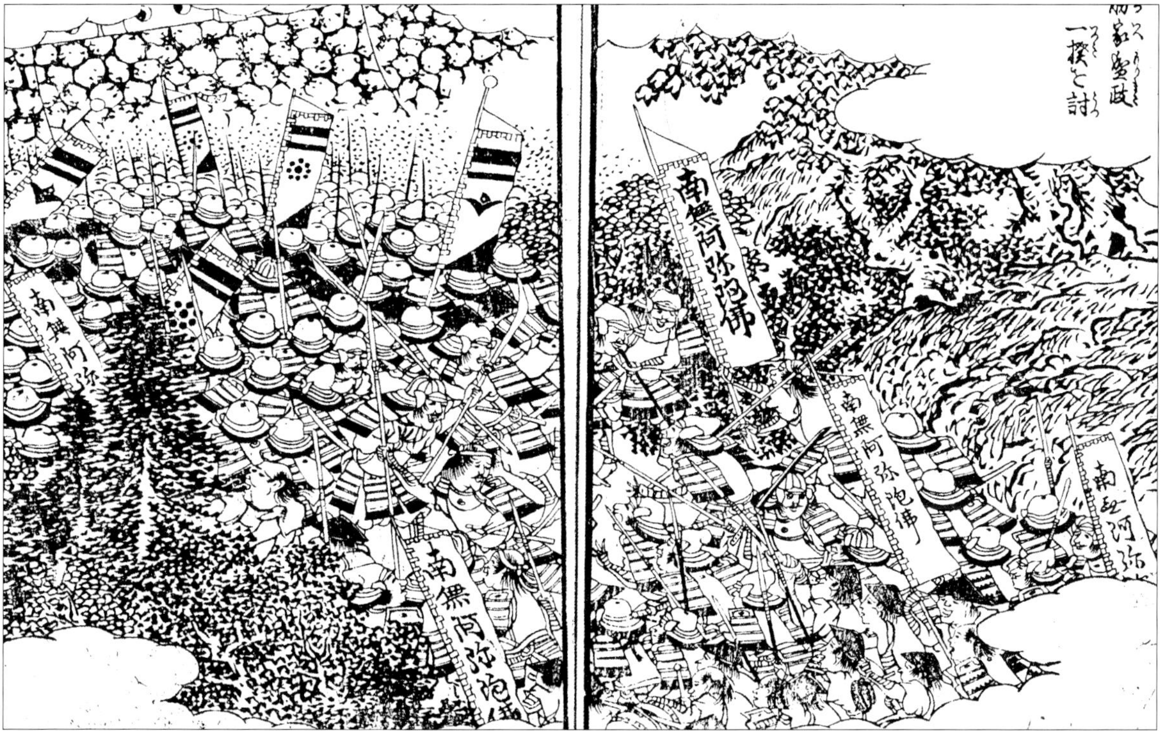


**Ikko-ikki-Soldaten mit den charakteristischen Buddhistenflaggen, deren Aufschrift „Namu Amida Butsu“ („Verehrung dem Amida Buddha“) besagt. Diese Männer sind viel besser mit Rüstungen versorgt worden, als es bei ihren Landsleuten der Fall ist.**

In den Nanbokucho-Kriegen wurden Kampfmönche insgesamt nur selten in Auseinandersetzungen verwickelt. Während eines Vordringens der Mönche von Mount Hiei nach Kyoto setzten die verteidigenden Samurai all ihr Geschick als berittene Bogenschützen ein, um die Mönche aufzureiben, von denen die meisten zu Fuß unterwegs waren. Pfeile wurden abgefeuert, die Reiter galoppierten heran und zogen sich wieder zurück, bis die Sohei zermürbt waren:

> *Die Mönche begaben sich vor das Westtor des Tempels, gerade einmal tausend Mann, die ihre Waffen zogen und sich gegen die vorrückenden Gegner zur Wehr setzten. Diese jedoch wichen flink zurück, als die Mönche angriffen, und galoppierten um sie herum, damit sie die Mönche von hinten attackieren konnten, wie es von Anfang an geplant gewesen war. So griffen sie sie sechs- oder siebenmal an, bis die Mönche von Erschöpfung erfasst wurden, da sie zu Fuß kämpften und schwere Rüstung trugen. Die Krieger machten sich diesen Vorteil zunutze und schickten die Bogenschützen vor, die sie erbarmungslos unter Beschuss nahmen.*

Als sich ihnen die Samurai näherten, kam die Naginata für ein letztes Aufbegehren schließlich auch noch zum Einsatz:

> *So sprachen sie und ließen ihre prächtigen, vier „shaku“ langen Naginata wie Wasserräder kreisen. Wieder und wieder machten sie einen Satz nach vorn und griffen wie mit sprühenden Funken an. Die Läufe etlicher Pferde der Krieger wurden zerschlagen, als ihre Reiter versuchten, die beiden zu zertrampeln. Die Zahl derer war groß, die zu Boden gingen und mit zertrümmertem Helm starben!*

Die Kampfmönche waren dagegen erfolgreicher, als ihre Gegner sie auf dem Mount Hiei angriffen und die Sohei ein „Heimspiel“ hatten:

> *Die Mönche, die mit dem Territorium bestens vertraut waren, sammelten sich an geeigneten Stellen, von wo aus sie in großer Zahl Pfeile auf die Feinde niederregnen ließen. Der Rückzug fiel den Kriegern nicht leicht, und viele von ihnen galoppierten in Gräben und über Klippen, von denen sie mit ihren Pferden abstürzten.*

## Die Ikko-ikki im Gefecht

Die Darstellungen aus der Sengoku-Periode über die Ikko-ikki im Gefecht unterscheiden sich grundlegend von den einzeln hervorgehobenen Heldentaten, die im Heike Monogatari und im Taiheiki Erwähnung finden. Insbesondere wird viel mehr Wert auf die gemeinsamen Anstrengungen dieser massenhaft auftretenden Armeen gelegt. Eine Besonderheit, die vor allem in Berichten über die Kriege der Ikko-ikki gegen den verhassten Feind Oda Nobunaga immer wieder auftaucht, ist der Einsatz von Massengesängen der „nembutsu“ als ein Mittel, den eigenen Kampfgeist zu stärken und „die Feinde Buddhas“ einzuschüchtern. So lesen wir, wie Nobunagas Samurai in Nagashima 1571 einen Massengesang des „Namu Amida Butsu“ hörten, der vom Wind zu ihnen getragen wurde, als die Ikko-ikki sich dafür bedankten, wieder einmal vor dem „Teufel Nobunaga“ bewahrt worden zu sein. Im Mai 1576 unternahm Nobunaga einen Angriff auf Ishiyama Honganji, auch bekannt als die Schlacht von Mitsuji, einem heftigen Scharmützel, das einen Massengesang der Verteidiger provozierte.

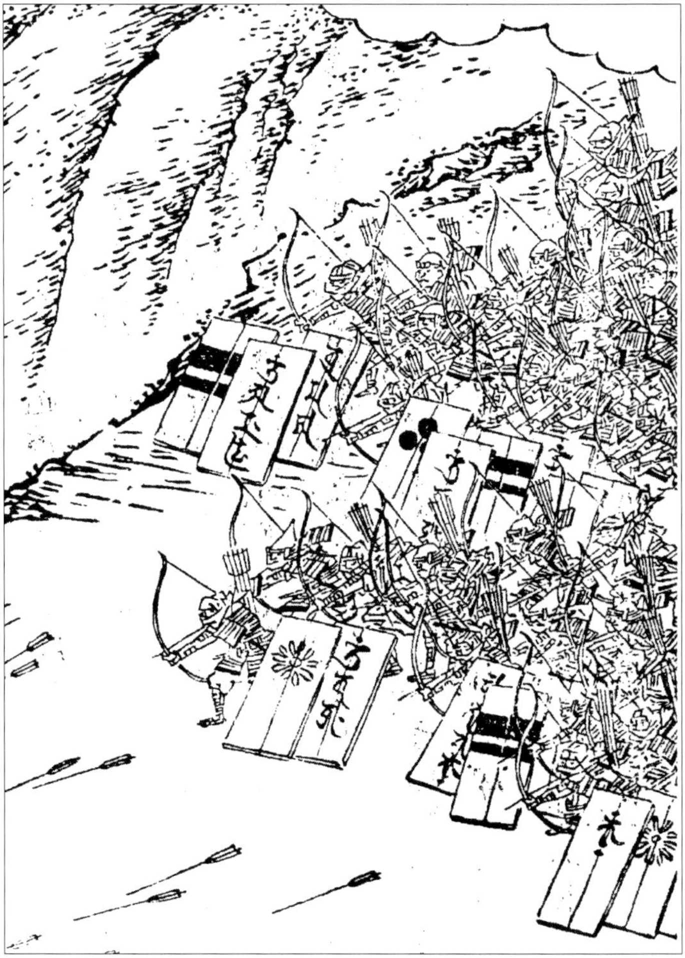

**Eine Armee aus Kampfmönchen präsentiert ihre hölzernen Schilde mit „bonji“-Beschriftungen in Sanskrit.**

Die Ikko-ikki-Armee in Nagashima beherrschte ebenfalls brillante Abwehrtechniken, und es gibt sogar eine faszinierende Parallele zwischen ihnen und den zeitgenössischen holländischen Verteidigern ihrer Republik gegen Spanien. Jeder der Einwohner der Stadt Leyden des Jahres 1574, wo Deiche und Wälle eine Gemeinde abschirmten, die mit Leidenschaft eine religiöse Überzeugung teilte, hätte sich in demselben Jahr in Nagashima genau so gefühlt, wie es zu Hause der Fall war.

Der erste Angriff Nobunagas auf die Inselgemeinde war ein Desaster. Seine berittenen Samurai begannen, auf den ersten „waju“ (Deichgebiet) zu zu waten, mussten aber feststellen, dass das Flussbett einem tiefen Morast glich. Die Pferde blieben rasch im Schlamm stecken und begannen um das Gleichgewicht zu ringen, wobei viele ihre Reiter in ihren schweren Rüstungen abwarfen. Die wurden von einem Hagel aus Pfeilen und Kugeln empfangen, der zahlreiche Opfer forderte. Als die Überlebenden sich zum nächsten trockenen Flecken schleppten, dem Waju von Nagasuji-guchi, wurden sie mit Seilen konfrontiert, die man zwischen Pfählen gespannt hatte, so dass sie weiter daran gehindert wurden, sich zügig in Sicherheit zu bringen. Das Ufer war von hohem, dichtem Schilf gesäumt, das die verzweifelten und demoralisierten Samurai wie ein Magnet anzog. Als sie schließlich durch das Schilf krochen, mussten sie erkennen, dass es dort von Hakenbüchsen- und Bogenschützen der Ikko-ikki wimmelte, von denen sie einer nach dem anderen niedergestreckt wurden. Zudem war der Uferstreifen mit Fallen in Form von alten Töpfen und Vasen gespickt worden, die man bis zum Hals im Sand vergraben hatte. Auf diese Weise wurden sie zu Trittfallen und zwangen die Samurai, sich so langsam zurückzuziehen, dass sie perfekte Zielscheiben abgaben. Als die Nacht anbrach, wurde den Verteidigern bewusst, dass die einzigen Überlebenden von Odas Armee im nächsten Waju von Ota-guchi festsaßen. Daraufhin riss man den Deich

**Eine Flagge der Ikko-ikki, die den Spruch „Namu Fukashigi Sen Nyorai" („Verehrung dem unbegreiflichen Buddha der Zukunft") trägt.**

ein und setzte das flache Land in kürzester Zeit unter Wasser, während die verbliebenen Samurai von dem Anschwellen des morastigen Wassers überrascht wurden.

## Kampfmönche und Schusswaffen

Wie zuvor erwähnt, gehörten die Kampfmönche zu den ersten Armeen, die sich den Einsatz von Hakenbüchsen zunutze machten. Die organisierte und in sich geschlossene Art der Shinshu-Gemeinden erlaubte es ihnen auch, eine Schusswaffenproduktion auf die Beine zu stellen, die bald jeden Daimyo sprachlos machte. Tokugawa Ieyasus Kämpfe gegen die Mikawa-Monto stellten dafür ein frühes Beispiel dar. Einmal hatte Ieyasu das Gefühl, eine Kugel habe seine Rüstung getroffen. Da er aber glaubte, sie sei abgeprallt, kämpfte er weiter. Erst als er nach dem Ende der Kämpfe in die Burg Okazaki zurückkehrte, wurde ihm bewusst, wie knapp er dem Tod entronnen war, denn als sein Diener ihm aus der Rüstung half, fielen zwei Kugeln aus seinem Hemd.

Wenige Jahre darauf machte Oda Nobunaga seine erste Erfahrung mit der Feuerkraft der Kampfmönche. Bei seinem Versuch im Jahre 1570, Ishiyama Honganji anzugreifen, war Nobunagas Armee erstaunt, wie heftig der gegen sie geführte Überraschungsangriff ausgefallen war. Hinzu kam ein kontrolliertes Abfeuern von 3000 Hakenbüchsen. In der Chronik Shinchokoki lesen wir, dass „das feindliche Gewehrfeuer zwischen Himmel und Erde widerhallte".

Als es 1573 zum zweiten Angriff auf Nagashima kam, hatte Nobunaga längst seine eigene Taktik zum massierten Einsatz von Schusswaffen entwickelt. Im Schutz eines Angriffs von Westen unter Sakuma Nobumori und Toyotomi Hideyoshi schickte Nobunaga seine Schützen auf den Straßen nach Nagashima voran, in der Hoffnung, die Salven würden ihm einen Weg freisprengen. Als jedoch seine Männer feuerbereit waren, ging ein Wolkenbruch nieder, der die Streichhölzer und die Pfannen unbrauchbar werden ließ und somit neun von zehn Hakenbüchsen vorübergehend nutzlos waren. Die Ikko-ikki werteten das als ein Zeichen des Himmels, als einen göttlichen Gefallen, woraufhin sie sofort einen Gegenangriff auf Nobunagas Armee starteten, die kaum vorbereitet war. Die Armee begann, sich zurückzuziehen, und als die Ikko-ikki nach vorn drängten, bekamen sie ein weiteres Zeichen vom Himmel, da sich die Wolken teilten und der Regen aufhörte, so dass sie nun ihrerseits Hakenbüchsen einsetzen konnten. Schließlich waren ihre Pfannen trocken geblieben, da sie sie hatten bedeckt halten können und zudem die Lunten in trockenen Beuteln aufbewahrt hatten. Die Verteidiger begaben sich gefährlich nahe an Nobunaga persönlich heran, der damit beschäftigt war, von einem Pferderücken aus anzugreifen. Eine Kugel verfehlte nur knapp sein Ohr, eine andere fraß sich durch die Achselhöhle eines seiner Gefolgsleute und tötete ihn.

Bei einer weiteren Aktion gegen die Ikko-ikki im Jahre 1576 erlitt Nobunaga eine Schusswunde am Bein - ein Zwischenfall, der sich ein Jahr nach seinem großen Sieg in Nagashino ereignete. Das war

**Links: Eine Armee unter Hideyoshi besiegt 1571 am Ufer des Biwa-Sees eine Armee aus Kampfmönchen.**

**Unten: Die Mönche von Mount Hiei versorgen die Truppen von Asakura Yoshikage nach deren durch Hideyoshi zugefügten Niederlage - ein unkluger Zug, der zu ihrer Verichtung führen sollte.**

die Schlacht gewesen, in der Nobunaga zu hohem Ansehen gelangte, da er Taktiken einsetzte, die denen sehr ähnlich waren, die er durch Japans fanatischste Kämpfer am eigenen Leib erfahren hatte: die Kampfmönche.

# Museumssammlungen und sehenswerte Orte

Angesichts der zahlreichen Museen, die in den letzten dreißig Jahren dem Militär und der Geschichte Japans gewidmet worden sind, verwundert es, dass bislang noch niemand ein Museum eröffnet hat, das die Kampfmönche in den Mittelpunkt stellt. Ausgeglichen wird dieser Mangel aber wenigstens dadurch, dass die Orte, an denen sie wirkten, heute noch als buddhistische Tempel und Klöster erhalten sind und fast alle ihre Tore für Touristen öffnen.

Der Todaiji und der Kofukuji, die beiden großen Tempel von Nara, gehören zu den schönsten Touristenattraktionen Japans, und auch wenn die meisten der Holzbauten über die Jahre hinweg wieder aufgebaut wurden, kann man sich bei ihrem Anblick gut vorstellen, wie die Sohei über den Hof marschierten. Fast das gesamte Gebiet von Todaiji, Kofukuji und Kasuga ist praktisch komplett verkehrsberuhigt, und ein großer Teil ist Grasland. Die Statuen und Bilder von Buddha, von denen schon die Sohei inspiriert wurden, finden sich noch immer in den schwach beleuchteten Hallen der Tempel, und die großen Tore sowie der Teich von Sarusawa können damals nicht viel anders ausgesehen haben als heute. Das einzige Problem für die Besucher besteht darin, das neugierige Rotwild zu meiden.

Mount Hiei, der im Nordosten über der Stadt Kyoto thront, vermittelt nach wie vor jene Mischung aus einem Gefühl der Sicherheit und der Bedrohung, die sich schon den kaiserlichen Höflingen bot. Mit dem öffentlichen Nahverkehr kann man ihn leicht erreichen, außerdem ist es möglich, eine vollständige Rundreise zum Enryakuji-Komplex zu unternehmen, die in Sakamoto nahe dem Biwa-See beginnt, wo der Hiyoshi-Schrein des Bergkönigs Sanno nach wie vor existiert, und bis hinab nach Kyoto führt. Im Hiyoshi-

Schrein wird das jüngste Gegenstück der heiligen Mikoshi ausgestellt, die bis nach Kyoto getragen wurden. Eine Seilbahn bringt einen von Sakamoto binnen weniger Minuten nach Enryakuji, wo es vieles zu sehen gibt und von wo aus der Ausblick einfach grandios ist. Onjoji (Miidera) befindet sich ganz in der Nähe und ist ebenfalls einen Besuch wert. Man kann Benkeis berühmte Glocke ebenso bestaunen wie jenen Kessel, in dem die Bohnensuppe zubereitet wurde, die er als Entschädigung forderte.

In Kyoto sind der Nishi Honganji und der Higashi Honganji für Besucher geöffnet. Gleiches gilt für die berühmten Zen-Tempel, von denen viele über wunderbare Gärten verfügen. Nanzenji, dessen Tor den Kampfmönchen solche Schwierigkeiten bereitete, ist ein außergewöhnlich interessantes Gebäude. Das Schlachtfeld von Uji ist ebenfalls nicht weit entfernt. Das Flussufer von Uji ist gut erhalten und erinnert an vergangene Zeiten, und der Byodo-In ist einer der schönsten Tempel von Japan.

Kobo Daishis Anlage auf dem Berg Koya-san ist ein weiterer Klosterkomplex, der einen Besuch wert und für die Mausoleen berühmter Samurai bekannt ist. Mindestens ein Tempel lässt Gäste ein, was für einen Besucher eine wunderbare Gelegenheit darstellt, etwas von dem klösterlichen Leben selbst zu erfahren.

Was die Ikko-ikki angeht, so hat sich die Topographie von Nagashima über die Jahrhunderte stark verändert. Erhalten geblieben ist aber die vom Wasser und Schilf geprägte Atmosphäre, die noch immer geeignet ist, ein Bild des 16. Jahrhunderts heraufzubeschwören. Das Land ist flach, und ein großer Teil davon wurde der See abgerungen. Die Reisfelder grenzen am Ufer an die Schilfflächen. Ein Tor und ein Teil des Grabens stellen alles dar, was von der Burg Nagashima noch geblieben ist. Die Feste hatte bis 1959 überdauern können, fiel dann aber einem Blitzeinschlag zum Opfer. Ganshoji verlor den ursprünglichen Standort an die See und wurde weiter im Landesinneren wiederaufgebaut, ist aber immer noch von einer Steinmauer umgeben, die den Tempel wie eine Festung erscheinen lässt. Auf dem Hof der Feste befindet sich das interessanteste Objekt überhaupt: ein Stein-Stupa, der erst vor kurzem im Gedenken an die Märtyrer der Ikko-ikki errichtet wurde.

Im Negoroji in der Präfektur Wakayama findet man die Daito (die große Pagode), das einzige Bauwerk, dass Hideyoshis Angriff überlebt hat. Errichtet wurde sie 1496, und noch heute kann man Einschusslöcher sehen, die vom Angriff im Jahr 1585 stammen. Auch der restliche Teil des Komplexes ist sehr interessant, außerdem gibt es dort sehr schöne Gärten. Die Burg Wakayama, die auf der Stätte der Burg Ota der Saiga-ikki errichtet wurde, liegt ganz in der Nähe.

In der Burg Osaka findet man noch einige Spuren des früheren Ishiyama Honganji, doch eine wirkliche Vorstellung von ihrer Unüberwindlichkeit bekommt man, wenn man vom Burgturm nach unten sieht. Hier gibt es auch eine Gedenksäule für die Ikko-ikki, und das hervorragend sortierte Museum in der Feste der Burg Osaka kann eine ganze Reihe von interessanten Objekten vorweisen, die mit den Ikko-ikki zu tun haben. Man findet dort auch Flaggen sowie eine Rüstung, die mit Shimotsumi Nakayuki in Zusammenhang gebracht wird.

Abgesehen von Osaka stößt man in Japan nur sel-

**Rechts oben: Die Zerstörung Enryakujis durch die Truppen von Oda Nobunaga im Jahr 1571. Dies war die unrühmlichste Tat, die mit dem Namen dieses großen Generals in Verbindung gebracht wird.**

**Rechts: Ein heftiger Kampf während der Belagerung von Ishiyama Honganji durch Oda Nobunaga.**

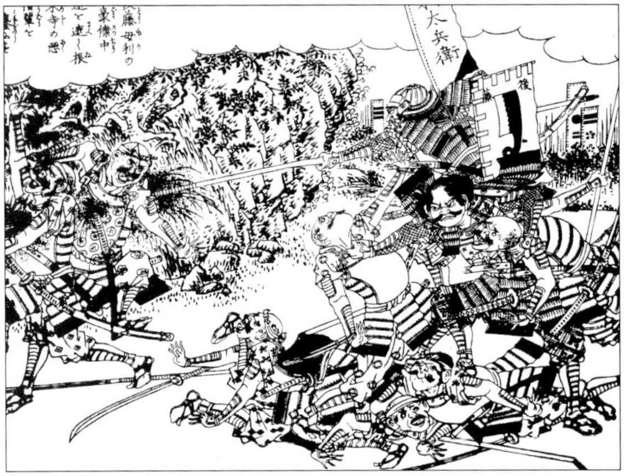

**Ein Gefecht mit den Kampfmönchen des Negoroji, der 1585 von Hideyoshi zerstört wurde.**

ten auf Waffen und Rüstungen, die mit den Kampfmönchen in Zusammenhang gebracht werden. Im Royal Armouries Museum in Leeds (England) werden allerdings eine Reihe von Naginata ausgestellt, ferner Do-maru-Rüstungstypen, Hakenbüchsen und Schwerter.

## Bibliographie und weiterführende Literatur

Wer mit der japanischen Sprache vertraut ist, findet Informationen über die frühen Kampfmönche in Sohei von Katsuno Ryushin (Tokio, 1955). Kasahara Kaguo schreibt in seinem Buch Ikko-ikki no kenkyu (Tokio, 1982) mehr über die Jodo-Shinshu-Armeen. Auch in Arbeiten von Sasama Yoshihiko wie z.B. in Buke Senjin Saho Shusei (Tokio, 1969) finden sich Abschnitte über die Kampfmönche.

Die umfassendste (in Englisch verfasste) Darstellung der Entwicklung des buddhistischen Klosterlebens in Japan und vor allem des politischen Kontextes, der die Kampfmönche überhaupt erst entstehen ließ, findet sich wohl in Band II von The Cambridge History of Japan (Cambridge, University Press, 1984).

## Glossar

| | |
|---|---|
| **Akuso** | „böser Mönch“, eine herabsetzende Bezeichnung für einen Sohei |
| **Ashigaru** | Infanterist |
| **Do-Maru** | eine einfache Rüstung |
| **Heike** | der Taira-Clan |
| **Ikki** | Bund oder Organisation |
| **Jinja** | Shinto-Schrein |
| **Kamayari** | ein Speer mit einer halbmondförmigen Querklinge |
| **Kami** | eine Shinto-Gottheit |
| **Kannushi** | Shinto-Priester |
| **Katana** | das Standard-Kampfschwert |
| **Kesa** | die zeremonielle Schärpe, die von Buddhistenmönchen getragen wird |
| **Mitama** | der Geist eines Shinto-Kami |
| **Monzeki** | Adelskloster |
| **Monto** | Anhänger der Ikko-ikki |
| **Naginata** | Lanze oder Speer mit geschwungener Klinge |
| **Nembutsu** | wörtlich „Anrufung Buddhas“, eine Gebetsformel |
| **Okegawa-do** | Rüstung eines Infanteristen |
| **Samurai** | japanischer Ritter |
| **Shaku** | ein Längenmaß von etwa einem Fuß Länge |
| **Shu** | Religionsgemeinschaft des japanischen Buddhismus |
| **Sohei** | Kampfmönch oder Priester |
| **Tachi** | ein Langschwert |
| **Tanto** | ein Dolch |
| **Tera** | buddhistischer Tempel |
| **Yamabushi** | Anhänger der Shugendo |
| **Yari** | ein gerader Speer |
| **Yoroi** | eine schwere Rüstung |
| **Zasu** | oberster Abt |

# Anmerkungen zu den Farbtafeln

## *A: Ein Sohei (Kampfmönch) von Mount Hiei oder Nara, um 1100*

Hier sehen wir einen typischen Kampfmönch von Mount Hiei oder Nara aus der Zeit um das Jahr 1100. Er trägt mehrere Kimonos übereinander, die wie ein Morgenrock mit weiten Ärmeln aussehen, dazu eine Hose. Die Leibwäsche war weiß, und das oberste Gewand war weiß, gelbbraun oder safrangelb. Über den obersten Kimono wurde eine meist schwarze Jacke getragen, die oft aus einem steifen gazeartigen, durchscheinenden Material war. Das hier gezeigte Beispiel ist ärmellos. Die Fußbekleidung bestand aus den „waraji" (Strohsandalen), die zu weißen „tabi" (Socken) und oft auch langen „kiahan" (Gamaschen) getragen wurden. Ein Teil der Rüstung lugt unter den Gewändern hervor. Wir sehen die „kote" (Ärmel) und die „kusazuri" (Schöße). Er hält die traditionelle Naginata in der Hand, seine andere Waffe ist ein „tachi" (Langschwert).

1. Eine andere Ansicht der Kapuze. Sie ist anders gebunden und so um den Kopf gelegt, dass sie den Mund bedeckt, den oberen Teil des Gesichts dagegen unbedeckt lässt.
2. Ein Kampfmönch ohne Kapuze, dafür mit einem weißen „hachimaki" (Stirnband) um den rasierten Kopf.
3. Buddhistische Rosenkränze. Sie bestanden aus Holz und konnten unterschiedlich groß sein.
4. Ein Paar „geta" (Holzschuhe), wie sie die Kampfmönche auf vielen Illustrationen tragen. Jeder Geta war aus einem einzigen Stück Holz geschnitzt, um den Fuß in eine höhere Position zu bringen. Entweder blieben sie unbehandelt, oder sie wurden mit Lack bestrichen.
5. Ein Schwert des Tachi-Typs, das mit der Klinge nach unten getragen wurde. Es wird mit den dargestellten Befestigungen am Gürtel getragen.
6. Verschiedene Naginata-Formen. Von links nach rechts: (I) mit breiter Klinge und von sehr chinesischem Erscheinungsbild; (II) ein „shobuzuri naginata", bei dem Klinge und Schaft fast gleich lang sind und das im 12. Jahrhundert bevorzugt wurde; (III) eine Version mit kurzer Klinge und einem schweren Eisenstumpf am Ende. Dies ist die modernere Version, die in der Sengoku-Periode verbreitet war.

## *B: Die Feuersbrunst von Nara, 1180*

Hier sehen wir nach der Schlacht von Uji den letzten verzweifelten Ansturm der Kampfmönche von Nara während des Angriffs auf ihre Stadt durch Samurai des Taira-Clans. Die Sohei, die zu ihrer traditionellen Naginata gegriffen haben, kommen vom Hof des brennenden Todaiji durch das Nandaimon (großes südliches Tor) gestürmt. Die hier gezeigten Mönche präsentieren sich in kompletter Kampfkleidung. Sie tragen eine Reihe einfacher Do-maru- und Yoroi-Rüstungen und verfügen über schwere „suneate" (Schienbeinschutz).

## *C: Die Kampfmönche von Negoroji im Training, ca. 1570*

Diese Tafel basiert auf dem Augenzeugenbericht von Pater Caspar Vilela über die Kampfmönche von Negoroji. Im Hintergrund sehen wir die traditionellen Tempelgebäude, basierend auf den heutigen Überresten bei Negoroji. Zur Linken üben einige Mönche Zielschießen mit der Hakenbüchse. Im Vordergrund trainieren zwei Mönche anhand von Übungswaffen die Handhabung der Speere. An den Enden sind Holzkugeln aufgesetzt, um die Verletzungsgefahr so gering wie möglich zu halten. Diese „Sicherheitsenden" waren manchmal mit Leder überzogen. Hinten ihnen üben zwei andere Mönche mit „bokken" (Holzschwerter), den Vorläufern der Bambusschwerter, die heute im Kendo Verwendung finden. Die Mönche tragen nur ein schlichtes Gewand. So wie Samurai in

**Der Blick von Mount Hiei auf die Stadt Kyoto, wie sie sich vor der modernen Entwicklung präsentierte. Dieses Postkartenfoto stammt aus dem frühen 20. Jahrhundert.**

ziviler Kleidung haben sie ihre Ärmel mit einer „tasuki“ (Schärpe) hochgebunden und die Hosenbeine durch den Gürtel gezogen, um sich freier bewegen zu können.

## *D: Alltag in Ishiyama Honganji, ca. 1570*

Dieser Blick aus der Vogelperspektive ist ein Versuch, den Komplex von Ishiyama Honganji in seiner Rolle als „befestigter Klosteranlage“ zu zeigen. Die Gebäude sind den modernen Nachbauten von Ishiyama Honganji nachempfunden. Die Jodo-Shinshu-Mönche werden gezeigt, wie sie an einer buddhistischen Bestattungsprozession für einen Abt teilnehmen. Alle tragen die volle Klosterkluft, ausgenommen die Hakenbüchsen-Staffel, die zu beiden Seiten Spalier steht. Ishiyama Honganji war bekannt dafür, sehr früh Schusswaffen in sein Arsenal aufgenommen zu haben.

**Ein berittener Samurai-Krieger mit Naginata. Dies ist die Ausführung mit der langen Klinge, die von den Kampfmönchen bevorzugt wurde.**

## *E: Die Kampfmönche vom Mount Hiei tragen ihren Mikoshi durch die Straßen von Kyoto, 1146*

Für die Mönche von Enryakuji war die bedeutendste Geste die, den Mikoshi des Bergkönigs Sanno zu tragen. Rund 20 Mönche trugen den Mikoshi auf Stangen, und jeder Angriff auf den Mikoshi wurde als eine Attacke auf den Kami Sanno persönlich gewertet. Jeder Mönch trug außerdem buddhistische Rosenkränze mit sich und war stets bereit, sofort einen Fluch über jeden auszusprechen, von dem er sich beleidigt fühlte. Auf dieser Darstellung sehen wir, wie der Mikoshi vor den Augen der verängstigten Bürger von den Kannushi (Shinto-Priester) vom Hiyoshi-Schrein des Bergkönigs Sanno vorübergetragen wird. Dies ist ihr Vorrecht als die spirituellen Hüter des Schreins. Vor ihnen marschieren die wütenden und selbstbewussten Sohei von Enryakuji. Ein dreister Mann erhält einen Stoß mit dem Knauf der Naginata eines Mönchs. Ein anderer Mönch spricht unter Einsatz seines Rosenkranzes einen wütenden Fluch aus, doch seine Naginata verspricht eine schnellere Vergeltung. Der Mönchsführer hält seine Naginata hoch erhoben. Da sie nichts weiter zu befürchten haben als entsetzte Höflinge und Bürger, tragen die Mönche nur eine Minimalrüstung. An den Füßen tragen sie Geta. Man beachte die gazeartigen, durchscheinenden Gewänder und die farbliche Vielfalt.

## *F: Kampfmönche in der Schlacht von Uji, 1180*

Diese Tafel basiert auf den Schilderungen im Heike Monogatari über die Aktivitäten des gefeierten Trios Gochin Tajima, Tsutsui Jomyo und Ichirai Hoshi in der Schlacht von Uji im Jahre 1180. Um die Bandbreite an Ausrüstung und Trachten zeigen zu können, aus der die Sohei wählen konnten, stehen diese Drei zu repräsentativen Zwecken nebeneinander, auch wenn das nicht exakt die Abfolge der Geschehnisse wiedergibt, wie sie im Text beschrieben werden. Die Szene zeigt, wie sich die Kampfmönche von Miidera und die Minamato-

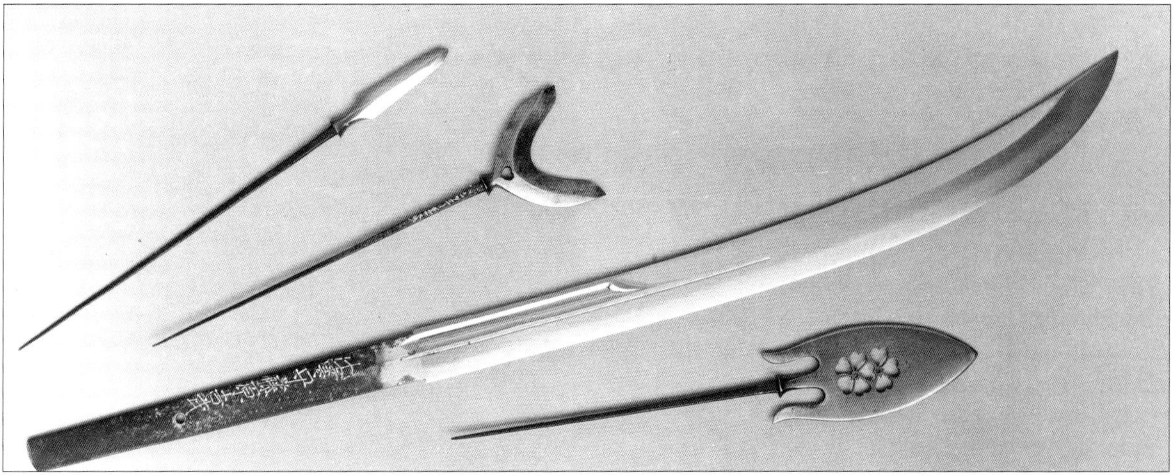

**Eine Naginata-Klinge, eingerahmt von verschiedenen Pfeilspitzen.**

Samurai unter Minamato Yorimasa über den Fluss Uji zurückgezogen und zur Verteidigung die Bretter entfernt haben. Sie stellen sich im morgendlichen Frühnebel den Taira im Hintergrund. Die Gestalt rechts steht für Tsutsui Jomyo Meishu, der Klostergewänder trägt und soeben mit dem Langbogen einen Pfeil abschießt. Angelegt wird der Pfeil im oberen Drittel des Bogens. In der Mitte steht ein Mönch, der ein weites Gewand trägt und mit einer gefährlich aussehenden Naginata bewaffnet ist. Die Figur links trägt eine vollständige Yoroi-Rüstung, lediglich der Helm fehlt.

## *G: Die Verteidigung von Kyoto durch die Kampfmönche der Hokke-shu gegen einen Angriff der Ikko-ikki, 1528*

Als die Ikko-ikki 1528 auf Kyoto zumarschierten, griffen die Bürgerarmeen der Hokke-shu (die Lotus-Gemeinschaft, ansonsten die Nichiren-shu, benannt nach ihrem Gründer) zu ihren Waffen und schritten unter dem Nichiren-Banner durch die Straßen, während sie Verse aus dem Lotus Sutra sangen. Die Ikko-ikki-Truppen griffen an, wurden aber von einer Allianz aus Samurai, Mönchen und Städtern erfolgreich verjagt. Auf dieser Tafel sehen wir die Hokke-shu-Krieger, die hinter einer Barrikade aus Reisstrohballen in Deckung gegangen sind, begleitet von dem gleichgesinnten Samurai-General Hosokawa Harumoto. Hinter ihnen auf dem Hof können wir eine Statue von Nichiren sehen, dem Gründer der Gemeinschaft. Die Nichiren-Flaggen mit der Aufschrift „Namu Myoho Renge Kyo" („Verehrung dem Sutra vom Lotus der wunderbaren Lehre") sind überall zu entdecken. Die Hokke-shu-Truppen tragen eine Rüstung, die für das 16. Jahrhundert vor der Einführung der Schusswaffen typisch war. Um das oft verwirrende Hin und Her von Allianzen zu dieser Zeit zu berücksichtigen, haben wir einige Kampfmönche vom Mount Hiei hinter den Barrikaden hinzugefügt. Einige Jahre später sollten diese jedoch zurückkehren, um die Kämpfer der Lotus-Gemeinschaft in Kyoto anzugreifen. Die Ikko-ikki-Krieger, die die Verteidigungslinie angreifen, sind ähnlich wie Samurai gekleidet. Details ihrer Ausrüstung werden auf Tafel H gezeigt.

## *H: Ein Kampfmönch der Ikko-ikki aus Nagashima, ca. 1574*

Hier sehen wir einen Anhänger der fanatischen Ikko-ikki von Nagashima, jenem Inselkomplex, der sich den Attacken von Oda Nobunaga vier Jahre lang widersetzte. Die Truppen von Ishiyama Honganji haben recht ähnlich ausgesehen. Dieser Bauernkrieger unterscheidet sich deutlich von den Kampfmönchen von Mount Hiei. Sein Schädel ist schon seit ein paar Tagen nicht mehr rasiert worden, er trägt eine schlichte Hose und ist barfuß. Dennoch trägt er eine moderne Rüstung mit stabilen horizontalen Platten. Bei sich führt er eine Hakenbüchse ebenso wie ein Schwert, dazu Taschen mit Reisrationen.

1. Eine Hakenbüchse mit Zubehör: (1a) ein Fläschchen mit Zündpulver; (1b) eine Lunte; (1c) eine Munitionstasche; (1d) ein Behälter mit Mündungspulver.

2. Der Kopf eines Kampfmönchs der Mikawa Ikko-ikki, der in seiner Jugend gegen Tokugawa Ieyasu gekämpft hat. Auf seinem Helm befindet sich eine Tafel mit dem Ausspruch: „Wer voranschreitet, dem ist die Errettung sicher, doch wer zurückweicht der wird zur Hölle fahren."
3. Eine Flagge der Ikko-ikki mit exakt demselben Ausspruch.
4. Die rot-goldene Sotoba-Flagge der Ikko-ikki vom Tempel Zempukuji, getragen während Oda Nobunagas Belagerung des Ishiyama Honganji.
5. Die Flagge mit zwei Kranichen, während Oda Nobunagas Belagerung des Ishiyama Honganji getragen von einem Kontingent der Ikko-ikki vom Tempel Senkoji in der Provinz Kaga, einer der Heimatregionen der Ikko-ikki.
6. Am entgegengesetzten Ende der gesellschaftlichen Skala finden wir die Daimyo, die zugleich Buddhisten-Mönche waren. Sie trugen bestimmte Dinge bei sich, um zu zeigen, auf welcher Seite sie standen. Hier trägt Uesugi Kenshin (1530-78) eine veränderte Form der Mönchskapuze, mit der er auf fast allen Zeichnungen abgebildet wird.
7. Kenshins Rivale Takeda Shingen (1521-73) war ebenfalls ein „Samurai-Mönch". Anstelle einer Kapuze trägt er einen kunstvollen Helm mit „fukigaeshi" (Helmkrempen) im chinesischen Stil und mit einem Helmbusch aus Pferdehaar. Sein buddhistisches Objekt ist die „kesa", eine Art Schärpe, die über der Rüstung getragen wird.
8. Ein Schwert vom Katana-Typ mit einer einem Tachi ähnlichen, rückseitigen Halterung, damit das Schwert mit der Klinge nach oben getragen wird. Normalerweise wurde das Katana einfach durch den Gürtel geschoben, doch in einem Gefecht war zusätzlicher Halt notwendig, so dass man es sicher am Körper befestigte.

# Teil 2:

# Ninja 1460-1650

# Ninja
# 1460 - 1650

## Einführung: Ninja - Dichtung oder Wahrheit?

Die japanischen Ninja sind eine der wenigen militärischen Organisationen, die auf der einen Seite einen bemerkenswerten Bekanntheitsgrad besitzen, die andererseits aber von einer Fülle von Missverständnissen und falschen Vorstellungen umgeben sind. Umso größer ist die Herausforderung, ein Buch über diese legendären Krieger zu schreiben. Die Ninja haben existiert, daran besteht kein Zweifel, doch der historische Kern ist im Laufe der Zeit durch so viele Mythen und übertreibungen aufgebauscht worden, dass ein Buch zu diesem Thema in etwa so entmutigend erscheinen muss, als wollte man eine Biographie aller Gesetzlosen um Robin Hood verfassen. Um mich dem Thema zu stellen, beschloss ich, „auf dem Boden zu bleiben“. Jeder Verweis auf Ninja, die fliegen können, wird ins Reich der Mythen verbannt, aus dem sie auch entstammen. Zitate aus Berichten über Ninja-Taten finden nur dann Verwendung, wenn sie aus Aufzeichnungen stammen, die für ihre histori-

**Dieser Druck von Yoshitoshi ist eine hervorragende Darstellung eines Ninja-Attentats. Die traditionellen Details, die mit den Ninja in Verbindung gebracht werden, sind detailliert zu erkennen. Der Ninja wollte Oda Nobunaga im Jahr 1573 ermorden. Er versuchte, sich in Nobunagas Schloss Azuchi zu schleichen und ihn in seinem Bett liegend im Schlaf zu töten. Er wurde jedoch bemerkt und von zwei Wachmännern überwältigt. Daraufhin beging er Selbstmord, sein Leichnam wurde auf dem örtlichen Marktplatz zur Schau gestellt, um mögliche weitere Attentäter zu entmutigen.**

sche Genauigkeit gerühmt werden. Beschreibungen von Ausrüstungsgegenständen der Ninja beschränken sich auf Geräte, die in alten „Ninja-Handbüchern“ wie dem Bansen Shukai aus dem 17. Jahrhundert in Illustrationen dargestellt werden oder die in einem der vielen (und auffallend wenig beworbenen) japanischen Ninja-Museen erhalten geblieben sind. Sie werden daher in diesem Buch über zusammenlegbare Leitern, verborgene Sprengladungen und versteckte Treppenhäuser lesen können, während menschliche Kanonenkugeln und Ninja-U-Boote keine Erwähnung finden werden.

# Ninja - Die Geheimwaffe Japans

Für jeden Militärhistoriker sind die Ninja eines der faszinierendsten Mysterien der japanischen Samurai-Kriegführung. Das Wort „ninja“ oder seine alternative Lesart „shinobi“ taucht in historischen Schilderungen immer wieder in Verbindung mit dem Zusammentragen von Geheiminformationen und mit Attentaten auf, die von Experten in den verschiedenen Kampfkünsten ausgeführt wurden. Viele bequeme Todesfälle könnten durchaus den Aktivitäten der Ninja zugeschrieben werden, doch da sie so verschwiegen behandelt werden, ist es unmöglich, das zu beweisen oder zu widerlegen. Die Methoden der Ninja waren ein unvermeidlicher Teil der Samurai-Kriegführung, und kein Samurai konnte die heimliche Bedrohung ignorieren, die sie insgesamt darstellten und die sie speziell für seine sorgfältig ausgearbeiteten Pläne bedeuten konnten. In der Folge wurden Ninja sowohl eingesetzt als auch gefürchtet, obwohl man sie fast einhellig verabscheute, da ihre Art so sehr dem Verhaltenskodex der Samurai zuwiderlief. Das mag zum Teil auch darin begründet sein, dass viele Ninja aus unteren gesellschaftlichen Schichten stammten und dass ihre heimlichtuerischen und heimtückischen Methoden das genaue Gegenteil jener Ideale darstellten, mit denen die edlen Samurai ihren Feinden direkt gegenübertraten.

**Ninja mit Schwert. Ein Mitglied der Iga-Ueno Ninja Re-enactment Society posiert während des Ninja-Festivals 2002 für die Kamera.**

Dieses Paradoxon, dass den Ninja Verachtung entgegengebracht wurde und sie doch unverzichtbar waren, ist ein Thema, das sich durch die gesamte Geschichte der Ninja-Kriegführung zieht. Faszinierend ist dabei auch, dass die beliebte Überzeichnung der Ninja hin zu Supermenschen, die fliegen können und magische Tricks beherrschen, in Japan eine überraschend lange Tradition hat. Derartige Geschichten kursierten bereits zu Beginn des 17. Jahrhunderts, als viele historische Schilderungen auch mit anderen Legenden vermischt wurden.

## Die Wurzeln der Ninja

Geheimoperationen vom Guerillakrieg bis hin zum Mord an wichtigen Rivalen sind Themen, die in der japanischen Geschichte immer wieder Erwähnung finden. Doch erst ab der Mitte des 15. Jahrhunderts tauchen Hinweise auf, dass solche Aktionen von speziell ausgebildeten Individuen durchgeführt wurden, die zu Organisationen gehörten, die sich dieser Art der Kriegführung verschrieben hatten. Ein Großteil derartiger Aktivitäten konzentriert sich auf die Regionen Iga und Koga in Zentral-Japan. Dieses Gebiet und diese Ära werden daher im Mittelpunkt dieses Buchs stehen.

Das traditionelle Bild des Ninja als heimlicher, überragender und schwarzgekleideter Spion und Attentäter hat zwei verschiedene Ursprünge. Der erste Ursprung ist der Bereich der Undercover-Arbeit, der Spionage und des Sammelns geheimer Informationen (und sogar hinterhältiger Mord), die alle bei der Kriegführung unverzichtbar sind. Der zweite Ursprung ist der Einsatz von Söldnern, bei dem die Anführer militärischer Operationen Außenstehende bezahlen, damit sie für sie kämpfen. In Japan fügten sich diese beiden Elemente zusammen und brachten die Ninja hervor, die auffälligerweise praktisch das einzige Beispiel für den Einsatz von Söldnern in der japanischen Kriegführung darstellen. Mit ein Grund war, dass Geheimoperationen dem Ideal der Samurai widersprachen. Ein „daimyo" (Lehensfürst) hätte es nicht gewollt, dass seine mutigen und ehrbaren Samurai ihren Ruf beschmutzen, indem sie solch verabscheuenswürdige Handlungen begehen. Stattdessen bezahlte er andere dafür. Es war ein ungewöhnlicher, aber zutiefst geschätzter Dienst, den der japanische Historiker Watatani wie folgt zusammenfasst:

> *Die so genannten Ninjutsu-Techniken sind kurz gesagt die Fertigkeiten „shinobi-no-jutsu" und „shinobi-jutsu", die dem Ziel dienen, dass der Gegner nichts von der Existenz seines Angreifers weiß. Zu diesem Zweck gab es eine spezielle Ausbildung. Während der Sengoku-Periode wurden derartige Techniken bei Feldzügen eingesetzt und beinhalteten die Techniken und Fertigkeiten „sekko" (Kundschafter) und „kancho" (Spionage).*

Der Begriff „shinobi" ist lediglich eine andere Lesart des Schriftzeichens „nin", daher auch „shinobi no mono" anstelle von „ninja". Doch Ninja kommt einem Abendländer leichter über die Lippen und hat sich daher zum bevorzugten Begriff entwickelt.

## Die Vorfahren der Ninja

Undercover-Operationen sind für jede Kultur von grundlegender Bedeutung, um einen Krieg führen zu können. Daher überrascht es nicht, wenn man liest, dass solche Methoden auch in der turbulenten Geschichte Japans Anwendung fanden. Aber der erste schriftliche Bericht bestätigt, dass bereits in dieser frühen Phase derartige Aktivitäten als fragwürdig erachtet wurden, selbst wenn sie zu den gewünschten Ergebnissen führten. Im Shomonki - der „gunkimono" (Kriegsgeschichte), die sich dem Leben von Taira Masakado widmet und vermutlich kurz nach seinem Tod im Jahr 940 verfasst wurde - liest man:

> *Mehr als vierzig Feinde wurden an diesem Tag getötet, und nur eine Handvoll kam mit dem Leben davon. Diejenigen, die den Kampf überlebten, flohen mit dem Segen des Himmels in alle Richtungen. Was Yoshikanes Spion Koharumaru betrifft: Der Himmel ließ ihn schon bald seine Strafe spüren, da seine Verbrechen bekannt wurden, und man ihn festnahm und tötete.*

Spionage war die klassische Rolle der Ninja, und die erste schriftliche Bestätigung zeigt, dass derartige Aktivitäten als Gegensatz zum Verhalten der Samurai angesehen wurden. So wie das Shomonki wurden die zwei bedeutendsten „gunkimono" - Hogen Monogatari und Heike Monogatari - für eine aristokratische Leserschaft geschrieben, die über glorreiche Taten ihrer Vorfahren lesen wollte. Die Taten der gewöhnlichen Soldaten, die zu Fuß in den Kampf zogen und zwanzig Mal zahlreicher waren als die berittenen Samurai, werden in diesen Schriften fast völlig ignoriert, womit es auch nicht verwundert, aber auffällt, dass Berichte über unehrenhafte, verdeckte Aktionen gänzlich fehlen. Eine Ausnahme ist die Geschichte, mit der das Heike Monogatari beginnt, als Taira Tadamori ein Attentat auf sein Leben vereitelt, indem er die Art von Trick anwendet, die später erfahrenen Ninja zugeschrieben wird. Da er vorgewarnt war, dass Rivalen am Hof seinen Tod planten

**Ninja mit einem „shinobi-gama" (kusari-gama). Kombinierte Waffen, die Sicheln einbeziehen, wurden von den Ninja gerne eingesetzt.**

*... legte er sich einen langen Dolch zu, den er unter seinem langen Hofgewand trug. Er drehte sich zu einer schwach beleuchteten Stelle um, zog langsam die Klinge und fuhr mit ihr durch seine Haupthaare, so dass sie von weitem einen eisigen Glanz bekamen, woraufhin ihn alle mit weit aufgerissenen Augen anstarrten.*

In der Gegenwart des Kaisers Waffen mit sich zu führen, war ein schwerer Verstoß. Tadamori wurde daher aufgefordert, eine Erklärung zu liefern, woraufhin er zeigte, dass seine Klinge nur eine Attrappe war, die aber den Attentäter abgeschreckt hatte.

Während des entscheidenden Gempei-Krieges von 1180-1185 finden sich keine weiteren Hinweise auf Aktivitäten nach Ninja-Manier. Stattdessen war es eine konventionelle Samurai-Kriegführung, die das Shogunat Japans begründete, also die Herrschaft durch einen Shogun (Militärdiktator). Die erste Shogun-Familie waren die Minamoto, und auch wenn die Macht von der Hojo-Familie an sich gerissen wurde, halfen die Mechanismen einer Militärregierung, für die nächsten rund eineinhalb Jahrhunderte in Japan für einen relativen Frieden zu sorgen.

**Ein springender Ninja. Dieser Ninja-Darsteller demonstriert die Sprungtechnik, die zu dem Glauben führte, Ninja könnten fliegen.**

## Ninja-Aktivitäten im 14. Jahrhundert

Geheimoperationen mochten zwar dem Ideal der Samurai zuwiderlaufen, doch als es in Japan erneut zu Auseinandersetzungen kam, bediente man sich dieser Möglichkeit, wenn durch sie der Sieg errungen werden konnte. Im 14. Jahrhundert kam es zum Krieg, als der Kaiser Go-Daigo versuchte, die Macht zurückzuerlangen, die der kaiserlichen Linie vom Shogun entrissen worden war. Die Folge war, dass es in Japan mit einem Mal zwei rivalisierende Herrscher gab. Das Taiheiki, die Chronik der Nanbokucho-Kriege (der „Kriege zwischen den Höfen"), beschreibt, wie Ninja daran beteiligt waren, eine Festung namens Hachiman-yama durch Feuer zu zerstören.

*... vom Untergang dieser Burg würden die Feinde vom Hof des Südens profitieren, und in Kyoto gab es Gegner aus den nördlichen Provinzen, die sich an den Weg durch das Tal erinnerten. Eines Nachts näherte sich ein hervorragend ausgebildeter Shinobi im Schutz von Regen und Wind Hachiman-yama und steckte den Tempel in Brand.*

An anderer Stelle lesen wir von einem ähnlich heimlichen Überfall auf eine Festung, eine Spezialität, die sich die Ninja zu eigen machen würden: „Im Jahre 1367 ... am elften Tag des selben Monats konnte Tadaoka Rokugoro Saemon einen Shinobi niederringen, der in die Burg Ototsu eingedrungen war."

Im Taiheiki findet sich auch die früheste Erwähnung eines Attentats im Ninja-Stil. Der Attentäter war kein ausgebildeter Ninja, sondern der junge Kumawaka, der 13 Jahre alte Sohn eines gewissen Fürsten Sukemoto, der wegen seiner Beteiligung an der Verschwörung von Go-Daigo ins Exil geschickt worden war. Sukemoto war in die Obhut des Laienmönchs Homma Saburo überstellt worden, der ihn hatte hinrichten lassen. Kumawaka schwor Rache an Homma Saburo. Für jemanden, der kein professioneller Attentäter war, hatte er sich allerdings lobenswert gründlich vorbereitet. Zunächst täuschte er Krankheit vor, damit er nicht mit den sterblichen Überresten seines Vaters nach Tokio zurückgeschick wurde. Zudem sorgte die angebliche Erkrankung dafür, dass er in Homma Saburos Haus bleiben konnte.

Er wählte den Augenblick seiner Tat mit großer Sorgfalt. Es war eine Nacht, in der es heftig regnete und stürmte und in der die diensthabenden Wachen in ihrem Quartier abseits des Hofs schliefen. Homma Saburo war in ein anderes Schlafzimmer umgezogen,

**Die Komuso, Flöte spielende Zen-Bettler, waren für einen Ninja ausschlaggebend für eine zweckmäßige Tarnung, da er unter dem ungewöhnlichen „Papierkorb"-Hut versteckt - nach Belieben durch das Land reisen konnte. Diese Komuso sind dagegen authentisch und wurden im August 1997 beim mitternächtlichen Bon-Festival in Yura (Präfektur Wakayama) fotografiert.**

doch Kumawaka hatte das herausgefunden und war bereits im Begriff, auf ihn loszustürmen, als ihm einfiel, dass er gar kein eigenes Schwert besaß - für einen Attentäter eine ungewöhnliche Nachlässigkeit. Ihm wurde klar, dass er die Tat mit Saburos eigenem Schwert würde begehen müssen, doch er war besorgt, das reflektierte Licht könnte Saburo wecken, wenn Kumawaka versuchte, dessen Waffe aus der Scheide zu ziehen. Die Methode, die er anwandte, um das zu verhindern, hätte jedem Ninja zur Ehre gereicht:

> *... als er zur Lampe sah, bemerkte er eine Fülle von Motten, die sich an der durchsichtigen Schiebetür drängten, da es Sommer war. Daraufhin öffnete er die Tür einen Spaltbreit und ließ die Insekten hineinschwärmen, wo sie das Licht schnell erstickten.*

Kumawaka zog langsam Saburos Schwert, setzte die Spitze der Klinge auf die Brust seines Opfers, trat das Kissen zur Seite und trieb das Schwert in den Leib. Kumawakas anschließende Flucht erfolgte ebenfalls in bestem Ninja-Stil:

> *Er wollte zunächst über den Graben springen, doch es wäre unvernünftig gewesen, da der sechs Schritt breit und mehr als zehn Fuß tief war. Dann aber kletterte er geschickt bis zur Spitze eines schwarzen Bambus, der aus dem Wasser wuchs. Er sagte: „Ich werde hinübergelangen, indem ich hieraus eine Brücke mache." Dann bog sich die Spitze zur anderen Seite, so dass er mühelos hinübergelangen konnte.*

## Ninja in Zeiten den Krieges

Das entscheidende Ereignis in der Geschichte der Samurai war der Onin-Krieg, der von 1467 bis 1477 dauerte. Auslöser war ein Nachfolgestreit über das Shogunat innerhalb der herrschenden Familie Ashikaga. Es war ein Krieg, der mit Feuer und Aushungerung ebenso geführt wurde wie mit Schwert und Bogen, und der für die Hauptstadt Kyoto ebenso verheerende Folgen hatte wie für das Ansehen des Shogun. Die Kämpfe weiteten sich rasch auf die Provinzen aus und leiteten eine Periode von rund hundertfünfzig Jahren ein, die als Sengoku Jidai bezeichnet wird - das Zeitalter des Landes im Krieg. Die rivalisierenden Kriegsherren nannten sich selbst „daimyo",

**Der berühmte Myoryuji oder Ninjadera (Ninja-Tempel) in Kanazawa (Präfektur Ishikawa) ist eines der besten der wenigen authentischen Ninja-Gebäude, die überlebt haben. Diese Ansicht zeigt die Shoji-Treppe. Die vertikalen Abschnitte der Stufen sind mit durchscheinendem Papier verkleidet, so dass man unwillkommene Gäste mit einem Speer attackieren kann.**

„große Namen", und die Ninja gehörten zu den Werkzeugen, die sie einsetzten, um ihre Kriege zu führen. Im Chugoku Chiranki beispielsweise, das sich mit den Kämpfen im Westen Japans befasst, heißt es: „Die Amako hatten ihr Lager auf dem Berg Aoyoma Mitsukayama aufgeschlagen, und Shinobi-Soldaten wurden von der Mori-Seite entsandt, die sich ihren Weg durch die feindliche Armee bahnten."

Die unterschiedlichen Aufgaben, die man den Shinobi oder Ninja übertrug, werden in den Chroniken als „kancho" (Spione) in feindlichen Provinzen sowie in Zeiten des Krieges als" teisatsu" (Späher), „kisho" (Überraschungsangreifer) und „koran" (Agitatoren) aufgeführt. Es muss jedoch unterschieden werden zwischen kenntnisreichen Ninja, die ihre Tradition an ihre Nachfahren weiterreichten und für die die Iga-Ninja das beste Beispiel sind, und anderen, die nichts weiter waren als Banditen, die man vorübergehend als Spione einsetzte, oder gewöhnliche Samurai, die einen geheimen Auftrag erhielten.

Ihre eigenen Verbündeten begegneten den Ninja oft mit Misstrauen, und ihr Handeln betrachtete man zeitweise als nichts anderes als gewöhnlichen Diebstahl oder als Racheaktionen, die als bedeutsame Operationen getarnt wurden. Wurden Ninja aber als bezahlte Söldner in eine Armee aufgenommen, erfuhren sie respektvolle Behandlung, wie man in Ou Eikei Gunki im Abschnitt über den Fall der Burg Hataya im Jahre 1600 nachlesen kann:

> *In der Burg Hataya gab es einen ruhmreichen Shinobi, dessen Geschick weithin bekannt war. Eines Nachts begab er sich heimlich in das Lager des Feindes. Er nahm Naoe Kanetsugus Wachmann Temmago Zamon die Flagge ab, kehrte zurück und befestigte sie hoch oben am Burgtor.*

## Die Ninja von Iga und Koga

Die umjubeltsten „professionellen" Ninja waren natürlich die Söldner von Iga und Koga, deren Leben und Wirken den größten Teil dieses Buchs in Anspruch nehmen wird. Von 1485 bis 1581 wurden sie von rivalisierenden Daimyo entlohnt und eingesetzt, als ein schwerer Angriff auf ihre Provinz ihre Aktivitäten einschränkte. Die Attacke erfolgte so schnell und so verheerend, dass den Bewohnern keine Zeit blieb, Ninja-Techniken einzusetzen. Stattdessen kämpften sie wie gewöhnliche Samurai in blutigen Schlachten. Inszeniert wurde die Invasion von Iga von dem Daimyo Oda Nobunaga, dem ersten der drei „Super-Daimyo", die Japan letztlich einten.

Die Überlebenden der Invasion von 1581 flohen in andere Provinzen. Einige von ihnen begaben sich in die abgelegenen Berge von Kii, andere schafften es ins nahe gelegene Mikawa, wo sie von Tokugawa Ieyasu gut behandelt wurden. Der sollte später einer der drei Einiger werden, die 1603 das Shogunat wieder auferstehen ließen. Im Jahre 1581 dagegen war er nur ein weiterer Daimyo, aber von dieser Zeit an erfolgten sämtliche Aktivitäten der Ninja von Iga und Koga im Namen der Familie Tokugawa, und ihre Tage als Söldner waren vorüber. Tokugawa Ieyasu war ein kluger Politiker, und nichts verdeutlicht seine Weitsicht besser als die Tatsache, dass er Japans beste Ninja in seinen Dienst stellte.

Ihre Zuflucht bei der Familie Tokugawa war für die Ninja der Beginn einer langen und vorteilhaften Zusammenarbeit mit dem zukünftigen Shogun, und die Bewohner von Iga waren schon bald in der Lage, sich für die Gastfreundlichkeit erkenntlich zu zeigen. 1582 wurde Oda Nobunaga von Akechi Mitsuhide ermordet, der sich daraufhin selbst als Shogun ein-

**Innenansicht des Ninjadera in Kanazawa, der einen Teil der äußeren Befestigungsanlagen der Kanazawa-Burg darstellt, Sitz des Maeda-Daimyo.**

setzte und begann, alle Rivalen zu verfolgen. Tokugawa Ieyasu besuchte zum Zeitpunkt des Staatsstreichs die Stadt Sakai. Da er nur von einer Handvoll Diener begleitet wurde, stand er vor dem Problem, auf dem See- oder Landweg nach Mikawa zurückkehren zu müssen, ohne von Akechis Samurai abgefangen zu werden. Der Landweg führte über Iga, also machte sich Ieyasu mit der Hilfe lokaler Anhänger auf den Weg. Im Mikawa Go Fudoki wird diese Geschichte fortgeführt:

> *Von hier ging es bis Shigaraki über von Bergräubern heimgesuchte Bergstraßen und Klippen. Yamaoka und Hattori begleiteten sie und wehrten Bergräuber und Yamabushi gleichermaßen ab. ... Hattori Sadanobu wurde für seine überragende Loyalität gerühmt, und beim Abschied wurde ihm ein Wakizashi [Kurzschwert] überreicht, das von Kunitsugu geschmiedet worden war. ... Vater und Sohn Yamaoka verließen die Gruppe, nachdem der Tomi-Pass an der Grenze zu Iga überwunden worden war.*

Dank der Unterstützung durch mehrere freundlich gesonnene Führer schafften sie es also bis zur Grenze nach Iga. Hier wurden sie von weiteren Verbündeten erwartet.

> *Hattori Hanzo Masashige war ein Mann aus Iga, den Tadakatsu geschickt hatte. Er ging als Führer auf den Straßen von Iga voran. Im Jahr zuvor, als Iga von Lord Oda verfolgt worden war, hatte er befohlen: „Alle Samurai dieser Provinz müssen getötet werden." Aus diesem Grund flohen die Menschen in die Tokugawa-Territorien Mikawa und Totomi, wo bestimmt wurde, dass man ihnen mit Freundlichkeit und Respekt begegnete. In der Folge waren ihre Verwandten in der Lage, sich für diese freundliche Geste zu revanchieren. Beginnend mit Tsuge Sannojo Kiyohiro und seinem Sohn kamen zwei- bis dreihundert Männer aus dem Dorf Tsuge sowie über 100 Koga-Samurai unter der Führung von Shima Okashi no suke und anderen ... um ihm zu dienen. ... Sie durchquerten die Berge, in denen die Räuber ihre Lager hatten.*

Wie ernst die Gefahren waren, mit denen sich Ieyasu konfrontiert sah, wird durch das Schicksal seines Gefolgsmannes Anayama Baisetsu deutlich, der für den Weg zurück nach Mikawa eine andere Route

**Ansicht der Dächer des Ninjadera in Kanazawa**

wählte und unterwegs ermordet wurde. Es existiert auch eine Schilderung in Verbindung mit Ieyasus Flucht, die als Ninja-Geschichte fast zu gut ist, um erfunden zu sein! Akechis Männer, die den Befehl hatten, nach ihm Ausschau zu halten, durchsuchten das Schiff, mit dem Ieyasu aus Ise geflohen war. Ieyasu hielt sich im Schiffsrumpf unter der Fracht versteckt, die von den Soldaten mit langen Schwertern durchbohrt wurde, um festzustellen, ob dort jemand verborgen war. Eine der Klingen schnitt sich in sein Bein, doch Ieyasu behielt so sehr die Ruhe, dass er rasch das Tuch vom Kopf nahm und das Blut von der Klinge wischte, ehe die zurückgezogen wurde.

## Im Dienst des Shogun

Der Mord an Oda Nobunaga wurde vom zweiten der Einiger, Toyotomi Hideyoshi, gerächt, der seine Armee gegen Kyoto marschieren ließ und Akechi Mitsuhide in der Schlacht von Yamakazi tötete. Von da an wurde Hideyoshi immer stärker und stärker und eroberte im Lauf der nächsten 20 Jahre ganz Japan. Als er 1590 die Hojo schlug, erhielt Tokugawa Ieyasu von ihm zur Belohnung deren Ländereien. Ieyasu beschloss aber, seinen Sitz nicht in der Hauptfestung der Hojo in Odawara zu nehmen, sondern weiter östlich in der kleinen Stadt Edo. Es war ein erfolgreicher Zug, denn Edo ist heute unter dem Namen Tokio bekannt, und was heutzutage der japanische Kaiserpalast ist, war einst Ieyasus Burg in Edo, die bewacht wurde von den Männern aus Iga und Koga.

Das Iga-Kommando in Edo unterstand dem Befehl des Mannes, der in bekannten Werken immer wieder als der berühmteste Ninja überhaupt Erwähnung findet, Hattori Hanzo Masashige, der als Führer durch Iga in Erscheinung getreten war. Hanzo wurde 1541 als Sohn von Hattori Yasunaga geboren, einem Gefolgsmann per Erbfolge der Familie Tokugawa. Seinen ersten Kampf führte er mit 15 oder 16 Jahren bei einem nächtlichen Angriff auf die Burg Udo im Jahre 1557. Anschließend machte er sich einen Namen durch seine Dienste in den Schlachten von Anegawa (1570) und Mikata ga Hara (1572). Sein Spitzname war „Hanzo der Teufel". Er starb 1596 im Alter von 55 Jahren, sein Sohn Hattori Masanari trat seine Nachfolge an.

Die späteren Kriege, in die die Ninja auf Geheiß

**Hattori Hanzo, Führer der Ninja von Iga und ein Samurai-General unter Tokugawa Ieyasu, ist in diesem Grab auf dem Gelände des Seinenji-Tempels in Tokio beigesetzt. Hanzos Speer wird im Tempel selbst aufbewahrt.**

der Familie Tokugawa verwickelt waren, werden im Kapitel „Ninja im Krieg“ beschrieben. Ab 1638 herrschte in Japan Frieden, militärisches Geschick war im Nachlassen begriffen, doch in dieser Zeit nahm der Mythos rund um die Ninja seinen Lauf, wie wir ihn heute kennen, bis eine Mischung aus historischen Berichten und Legenden die „Superman“-Ninjas hervorbrachte, die angeblich fliegen konnten.

# Rekrutierung und Training

## Ninja-Rekrutierung

Ab der Mitte des 15. Jahrhunderts begannen bestimmte Samurai-Familien, besonderes Geschick im Sammeln von Informationen, in heimlicher Kriegführung und im Morden zu entwickeln. Dies waren die Ninja-Familien. Wie bei so vielen Kampfsporttraditionen in Japan wurden auch diese Fertigkeiten und Traditionen vom Vater auf den Sohn übertragen bzw. üblicherweise vom „sensei“ (Meister) auf den auserwählten Schüler, der nicht immer ein Verwandter sein musste. Genaugenommen wurden Ninja also geboren, nicht aber geschaffen, und die Formulierung „Rekrutierung“ bezieht sich nur auf die Verhandlungen zwischen Daimyo und Ninja-Führer über die Verwendung der Männer in seinem Dienst.

Als Tokugawa Ieyasu jedoch die Männer von Iga und Koga 1581 unter seine persönliche Fittiche nahm, war der Nachschub bald erschöpft, und wir sehen, wie andere Daimyo ihre eigenen Ninja trainierten und einsetzten. Sonderbarerweise war das nicht offiziell verboten, und 1649 lesen wir in den Gesetzen des Shogunats über den Militärdienst, dass die Aufnahme von Shinobi in ihre Armee nur den Daimyo erlaubt ist, die über ein Einkommen von 10.000 Koku und mehr verfügen.

Die Schule des Ninjutsu, Nakagawa-ryu genannt, die dem Daimyo Tsugaru in der Provinz Mutsu diente, bietet ein gutes Beispiel für den Rekrutierungs- und Trainingsprozess. Der Gründer dieser Schule war ein Samurai namens Nakagawa Shoshunjin, ein Ninjutsu-Experte. Die faszinierendste Beschreibung seines Lebens bietet das Okufuji monogatari, in dem es heißt: „Er konnte sich in eine Ratte oder eine Spinne verändern, er konnte sich in einen Vogel und in andere Tiere verwandeln“ - ein frühes Beispiel dafür, welche magischen Kräften den Ninja traditionell zugeschrieben werden.

In Wirklichkeit war Shoshunjin eine Gruppe von zehn jungen Samurai unterstellt worden, die er im Ninjutsu unterrichtete. Er verbot es jedem anderen, sich dem Ort zu nähern, an dem sie trainierten - der südlichen Ecke der Burg, genannt Ishibayashi. Shoshunjin nannte die Gruppe Hayamichi no mono (Leute des kürzesten Weges), deren Zahl schon bald auf zwanzig Mann anwuchs. Da es Aufgabe der Mitglieder dieser Gruppe war, als Spione oder Geheimagenten zu agieren, kamen sie allein auf Befehl des Daimyo zum Einsatz, und ihr Training erfolgte unter völliger Geheimhaltung.

## Ninja-Auslese

Es gibt eine sehr schöne Geschichte über Nakagawa Shoshunjins ersten Besuch im Hause Tsugaru, wo sich Tsugaru Gemban mit ihm unterhalten sollte, ein „karo“ (oberster Gefolgsmann) der Tsugaru. Tsugaru Gemban forderte Shoshunjin heraus, seine Ninja-Fähigkeiten unter Beweis zu stellen, indem er ihm das Kissen unter dem Kopf weg stehlen sollte, während er schlief. In der Nacht legte sich Gemban auf seinen Futon. Nach einer Weile hörte er das Prasseln der Regentropfen, als draußen ein Schauer niederging. Er achtete darauf, seinen Kopf nicht vom Kissen zu nehmen, als es ihm auf einmal ins Gesicht regnete. Er machte die Augen auf und bemerkte sofort, dass das Dach undicht war. Gegen seinen Willen hob er dabei ein wenig den Kopf an. Als er ihn wieder sinken ließ, war das Kissen verschwunden. Er drehte sich um und stellte überrascht fest, dass Shoshunjin neben ihm stand, ihn breit angrinste und das Kissen in seinen Händen hielt!

Bedauerlicherweise ist diese Geschichte vermutlich nicht authentisch, denn ähnliche Versionen kursieren auch über andere Ninja, die im Dienste eines Daimyo standen. Beispielsweise setzte Mori Motonaris General Sugiwara Harima-no-kami einen Ninja ein, der der Legende zufolge ein Schwert stehlen sollte, das sein Meister gleich neben seinem Bett aufbewahrte. Und ein gewisser Kato Dansai erhielt den Auftrag, eine neben dem Bett von Naoe Yamashiro-no-kami aus der Familie der Uesugi liegende Lanzenhellebarde an sich zu nehmen. Dennoch verdeutlichen all diese Varianten zwei Dinge - nämlich den Respekt der Daimyo vor den Fähigkeiten der Ninja und die Notwendigkeit, jemanden in seine Dienste zu nehmen, dem man vertrauen konnte.

## Ninja-Training

Wir können uns gut vorstellen, wie die Ninja aus Iga und Koga für ihre zukünftige Rolle trainiert wurden, sobald sie alt genug waren, um laufen zu können. Die Führer der Ninja in dieser Provinz waren Männer, die über ein wenig eigenes Land verfügten. So wie bei jedem Daimyo, ganz gleich, wie groß oder klein, wurde ein maßgeblicher Schwerpunkt auf Familienbande und Loyalität im Rahmen der Erbfolge gelegt. Von jedem Jungen, der in einer konventionellen Samurai-Familie zur Welt kam, wurde erwartet, dass aus ihm einmal ein Krieger wurde. Viele Stunden seiner Kindheit verbrachte er damit, die Kampfkünste zu erlernen. Geschick im Umgang mit dem berühmten Samurai-Schwert, dem Speer, dem Bogen und in

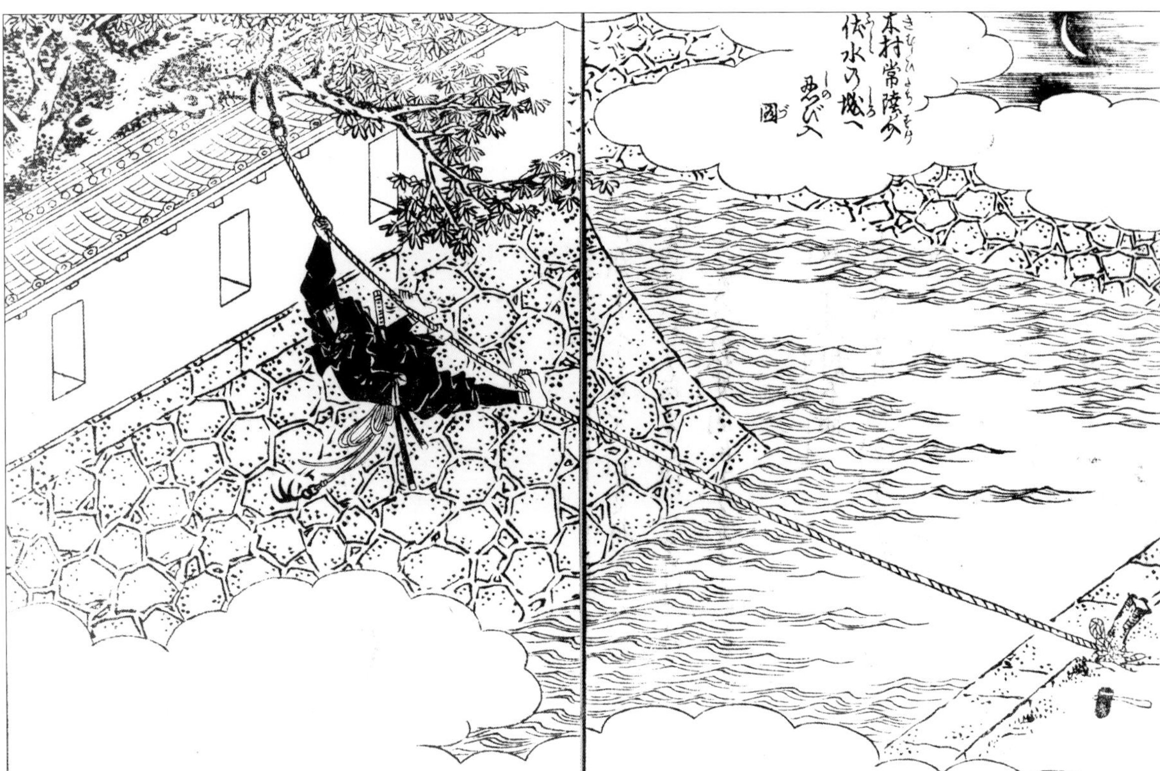


**Ein Ninja, der mit Hilfe eines Hakens an einem Seil einen Burggraben überwindet, ist eine der frühesten bekannten Darstellungen des traditionellen Bildes eines Ninja in Aktion. Die Zeichnung stammt aus dem Jahr 1801.**

späteren Jahren der Ninja-Geschichte auch mit Schusswaffen, war von größter Bedeutung. Von einem jungen Samurai wurde außerdem erwartet, dass er gut reiten und schwimmen konnte.

Für einen jungen Ninja sah der Stundenplan dagegen noch umfassender aus. Er musste neben allem anderen lernen, wie man mit Sprengstoff umging und wie man Gifte mischte. Außerdem musste er ein Experte in Sachen Überlebenstraining werden. Dazu gehörte „Ninja-Wissen" wie das Abkochen von Wasser und das Kochen von Reis in einem Lager, indem man ihn in nasses Tuch wickelt und unter einem Lagerfeuer vergräbt.

Er musste körperlich extrem fit sein, um Burgmauern zu bezwingen, und er musste zu einem Experten in den Kampfkünsten werden, Grifftechniken ohne Waffen eingeschlossen. Wir können uns daher den aufstrebenden Ninja als einen Menschen vorstellen, der von klein auf in all diesen Fertigkeiten trainiert wurde. Er musste auch wissen, wie man eine Landkarte liest, und wenn er lesen und schreiben konnte, stellte das einen großen Vorteil für ihn dar. Wenn er sich zur Tarnung als einem bestimmten Beruf zugehörig ausgab, benötigte er umfassendes Wissen über diesen Beruf, um zu überzeugen.

## Glaube und Zugehörigkeitsgefühl

Auf der psychologischen Ebene musste der junge Ninja lernen, dem Tod und der Angst vor dem Sterben gegenüber eine Distanz zu entwickeln, die noch umfassender war als das, was man für gewöhnlich von einem normalen Samurai erwartete, der dem Ideal folgte, mit ungebrochenem Eifer seinem Herrn bis zum bitteren Ende zu dienen. „Der Weg eines Samurai", schrieb einmal ein berühmter Krieger, „ist im Tod begründet." Das galt umso mehr für die Ninja. Nicht vergessen werden sollte die Samurai-Tradition des rituellen Selbstmords, bei dem in einer ausweglosen Situation jede Schande getilgt wurde, indem durch den Akt des „hara kiri" der eigene Geist freigesetzt wurde.

Das Konzept des Ninja vom selbstbestimmten Schicksal war folgerichtig eine viel eindringlichere Version der Weltanschauung der Samurai. Der Hauptunterschied in der Einstellung, die den Ninja eingeschärft wurde und sie von den Samurai abhob, war die umfassende Akzeptanz des Messers im Dunkeln als legitime Handlung. Das widersprach völlig der Samurai-Tradition, die sich auf Geschichten über edle Krieger berief, die auf eine vollkommene und oft auch idealistisch dargestellte Weise kämpften. Der Samurai-Kodex bedeutete vor allem anderen, sichtbar zu sein, so dass Freund und Feind sehen konnten, wer derjenige war, dem die Ehre zuteil geworden war, als Erster in die Schlacht zu ziehen oder bei einem Angriff als Erster eine Burgmauer zu bezwingen. Für eine leichtere Identifizierung trug ein Samurai eine Flagge auf dem Rückenteil seiner Rüstung. Sobald der Kampf begonnen hatte, war der ideale Ausgang des Konflikts der, dass der Samurai einen ihm würdigen Gegner ausfindig machte und ihm den Kopf abschlug. Diese Trophäe wurde dann dem Daimyo präsentiert, der den Namen des Siegers und des Opfers nannte und seinen treuen Gefolgsmann entsprechend belohnte.

**Ninja in einem schmalen Korridor. Diese Aufnahme, die freundlicherweise vom Department of Tourism von Iga-Ueno City zur Verfügung gestellt wurde, zeigt perfekt das klassische Bild des Ninja, der sich seiner Beute nähert.**

Ninja-Kettenhemd. Dieses Ensemble aus dem Arashiyama Historical Museum in Kyoto zeigt eine einfache Rüstung, die unter der Kleidung eines Ninja getragen worden sein könnte.

Bei einem Ninja sah das völlig anders aus. Er trug schwarz und hatte keine Flagge, die ihn identifizierte. Seine Rolle bei einer Belagerung bestand darin, bereits Tage vor dem eigentlichen Angriff in eine Burg einzudringen und sich dort zu verstecken bis der Zeitpunkt gekommen war, für Chaos zu sorgen, indem er in den Türmen Feuer legte, Wachen tötete oder sogar den Hauptmann ermordete. Hatte er seinen Auftrag erledigt, zog sich der Ninja in die Anonymität zurück und ließ den ersten Samurai in der Gruppe der Angreifer allen Ruhm davontragen. Es war eine grundlegend andere Einstellung als die, die für die Samurai-Kriegführung galt. Hinzu kam die Schmach, dass die ehrbaren Samurai offiziell die Ninja wegen deren heimtückischen Verhaltens verachteten, obwohl die Erfolge, die die Samurai erringen wollten, völlig vom Erfolg der Ninja abhingen.

# Auftreten und Ausrüstung

## Männer in schwarz

Die traditionelle Ninja-Kleidung ist ein vollständig schwarzes Kostüm, das so bekannt ist, dass es üblicherweise als selbstverständlich angesehen wird. Tatsächlich jedoch gibt es keine authentischen schriftlichen Darstellungen, in denen ausgeführt wird, dass Ninja schwarze Kleidung trugen. Vielmehr sieht es so aus, dass sie sich üblicherweise tarnten, um als dem Feind zugehörig zu erscheinen. Das Buke Meimokusho führt dazu aus:

> *Sie reisten getarnt in andere Territorien, um sich einen Eindruck von der Situation des Feindes zu verschaffen. Sie schmeichelten sich ein, um mitten zwischen die Gegner zu gelangen, um Lücken zu entdecken, und sie drangen in feindliche Burgen ein, um sie in Brand zu setzen, und führten Attentate aus, bei denen sie in aller Heimlichkeit zu ihrem Opfer gelangten.*

Ein Ninja in schwarzer Kleidung ist zum ersten Mal in einer Buchillustration aus dem Jahre 1801 zu sehen. Sie zeigt einen Ninja, der in eine Burg klettert und dabei das trägt, was man heutzutage sofort als ein Ninja-Kostüm erkennen würde. Es ist jedoch durchaus möglich, dass solche Abbildungen erst unsere Vorstellung davon geprägt haben, wie ein Ninja auszusehen hat, anstatt uns ein Bild davon zu vermitteln, wie er wirklich aussah. In Japan gibt es im Bunraku-Puppentheater seit langer Zeit die Tradition, eine Figur schwarz zu kleiden, um dem Betrachter zu sagen, dass er diese Figur eigentlich nicht sehen kann. Einen lautlosen Attentäter auf identische Weise in einem Bild darzustellen, wäre für den zeitgenössischen japanischen Betrachter demnach völlig natürlich und nachvollziehbar. Es muss nicht bedeuten, dass die Zeichnung in irgendeiner Weise ein realistisches Abbild eines Ninja sein soll.

Allerdings ist auch klar, dass ein Ninja, der die von ihm am häufigsten geforderte Aufgabe - das klammheimliche, nächtliche Eindringen in eine Burg - erledigen musste, am sinnvollsten auch schwarze Kleidung wählen würde, die ihn von Kopf bis Fuß be-

**Eine leichte Ninja-Rüstung. Dieses Objekt aus dem Arashiyama Historical Museum in Kyoto stellt eine Rüstung dar, bei der Metallplatten auf Stoff genäht wurden. Dies könnte unter der Kleidung eines Ninja getragen worden sein.**

deckte. Wir können daher davon ausgehen, dass zumindest in dieser Situation wirklich das bekannte schwarze Kostüm getragen wurde, auch wenn manche Fachleute darauf beharren, dass das Schwarz ein wenig rotgefärbt wurde, damit Blutflecken nicht auffallen konnten.

## Das Ninja-Kostüm

Das Ninja-Kostüm war schlicht, aber auch sehr zweckmäßig. Die Jacke wurde auf ähnliche Weise getragen wie die Jacke beim Judo oder Karate. Damit man nicht an irgendeinem Vorsprung hängenblieb, wenn man an einer Mauer hochkletterte, wurden die Schöße der Jacke in die Hose gesteckt. Bei der Hose handelte es sich um das Modell, das üblicherweise auch von einem Samurai getragen wurde, wenn er auf einem Pferd ritt. Die Hose lag sehr eng an und wurde unter dem Knie geschnürt. Über den Waden wurden Gamaschen getragen, die ebenfalls sehr stark an die Standardausrüstung eines Samurai angelehnt waren. Die Füße steckten in schwarzen „tabi", den klassischen japanischen Socken mit einem separaten Stück für den großen Zeh sowie verstärkten Sohlen. „Waraji" (Strohsandalen) rundeten die Fußbekleidung eines Ninja ab. Ein Hemd mit eng anliegenden Armen scheint ebenfalls zum Ninja-Kostüm gehört zu haben, wenn man der Mehrzahl der Illustrationen glauben darf. Das ganze Ensemble wurde von einem langen schwarzen Gürtel um die Taille zusammengehalten. Der größte Unterschied zum Kostüm eines Samurai findet sich aber vom Kragen an aufwärts: Der Kopf des Ninja war komplett in eine Kapuze gehüllt, die nur das Gesicht oberhalb des Mundes unbedeckt ließ, manchmal aber auch lediglich einen schmalen Sehschlitz aufwies.

Mehrere Museen in Japan präsentieren leichte Rüstungen, wie sie unter einem Ninja-Kostüm getragen worden sein könnten. Diese Rüstungen bestanden aus einem festen Stoff, auf den kleine lak-

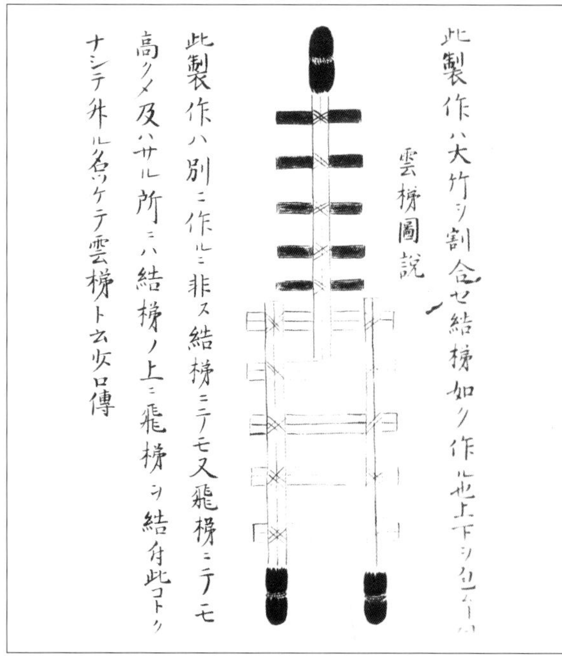


**Diese Illustration aus dem Bansen Shukai, dem Handbuch der Ninja-Geschichte von 1683, zeigt eine Leiter mit einem Gelenk. Die Leiter wiegt sehr wenig.**

kierte Metallplättchen aufgenäht waren, die durch schmale Kettenpanzer miteinander verbunden waren. Verstärkte Kapuzen, die der Ninja-Kapuze ähneln, bestanden aus einem ähnlichen Material. Da die „ashigaru" (Infanteristen) in einer Samurai-Armee sehr unterschiedliche Arten von Rüstungen trugen, ist es nachvollziehbar, dass dieser einfache Typ Rüstung mit den Ninja in Verbindung gebracht wird. Die weiteren Standardelemente einer Samurai-Rüstung - „kote" (Armschutz) und „suneate" (Schienbeinschutz) - konnten für zusätzlichen Schutz sorgen, während sie zugleich nur geringes Gewicht besaßen.

## Ninja-Tarnungen

Die Verwendung von Tarnungen aller Art findet in den Chroniken häufig Erwähnung, je nachdem, in welcher Situation sie zum Einsatz kommen sollten. Wenn ein Ninja tief in feindliches Gebiet vordringen sollte, um die Position der Truppen oder die Verteidigungsanlagen einer Burg zu untersuchen, gab es kaum etwas Besseres, als in die Rolle eines „komuso" zu schlüpfen, jener Sekte von Zen-Mönchen, die Flöte spielten und riesige Körbe über den Kopf gestülpt trugen. Man sah sie überall, wie sie musizierten und bettelten. Den wandernden „yamabushi" (Bergasketen) begegnete man ebenfalls oft auf japanischen Straßen. Sie eigneten sich hervorragend als Tarnung, um einem Verbündeten eine Nachricht zukommen zu lassen, da Yamabushi in die Häuser der Bewohner gebeten wurden, um dort Gebete zu sprechen und Segen zu erteilen. Und selbst ein einfacher Buddhistenmönch, der auf der Straße bettelte und dessen Gesicht zum Teil von einem großen Schilfhut verdeckt war, konnte ein Ninja sein. Wanderdarsteller wie beispielsweise die „sarugaku"-Tänzer und Puppenspieler boten Deckung für Spionageaktivitäten in der Stadt rund um die Burg eines Daimyo. Natürlich suchte man sie nach Waffen ab, wenn sie in die Burg eingeladen wurden, um dort aufzutreten, doch die bloße Tatsache, in die Burg eingedrungen zu sein und Informationen zu sammeln, welches Labyrinth aus Wänden und Türen zu den Privatgemächern des Daimyo führte, war für einen Rivalen von höchstem Wert.

## Standardausrüstung der Ninja

Die wichtigste Waffe des Ninja war sein Schwert. Dabei handelte es sich um das standardmäßige japanische Kampfschwert, das „katana", das für seine Härte und Schärfe bekannt war. Dieses Schwert war zudem so gearbeitet, dass es flexibel war und sowohl Schwert als auch Schild sein konnte, wenn ein Samurai den Hieb eines Rivalen parierte und dann seinerseits zum tödlichen Schlag ausholte. Dieser Aspekt sollte für den nur leicht bewaffneten Ninja von großer Bedeutung sein. Sowohl die Länge als auch die Krümmung der Katana-Klingen waren höchst verschieden. Ein Ninja wählte daher eine Klinge, die kürzer und gerader war als üblich. Um leichter klettern zu können, trug ein Ninja sein

**Eine alte Buchillustration zeigt Samurai, die das Werfen ihres Shuriken üben, die bevorzugte Waffe der Ninja. Neben den bekannten „Ninja-Sternen" wurden auch kurze Messer benutzt.**

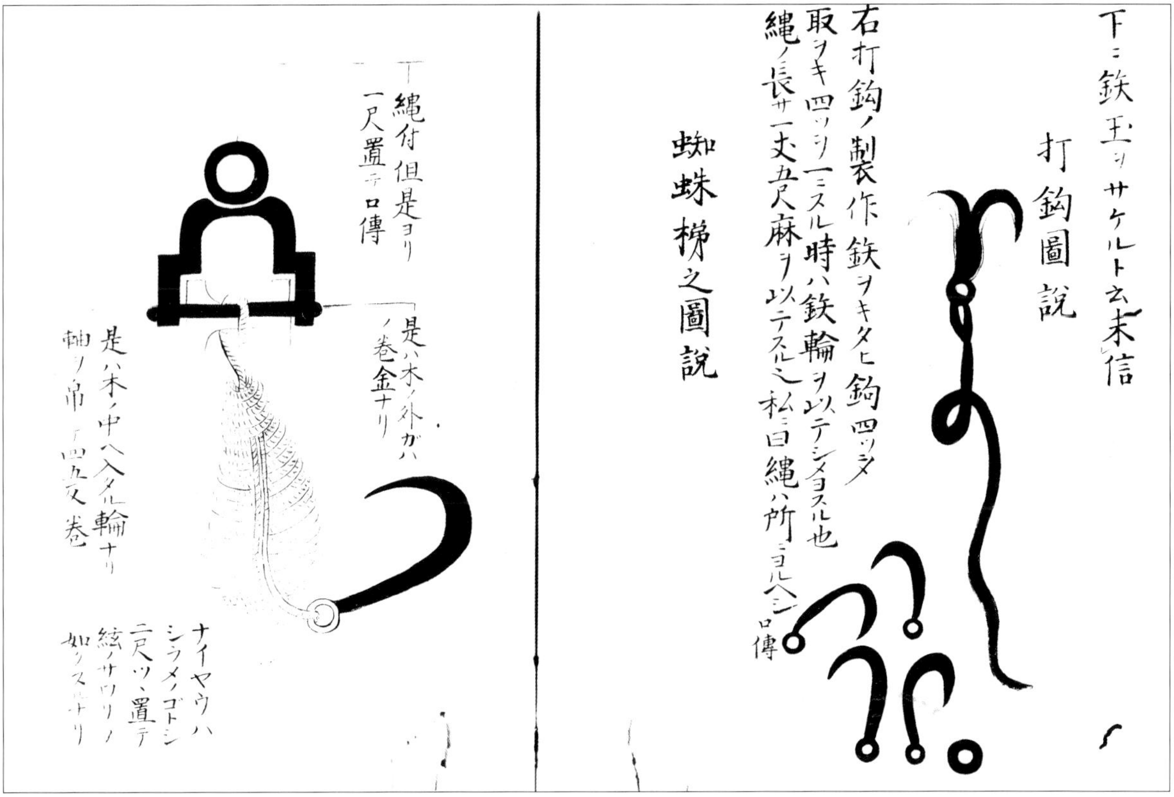


**Diese Illustrationen aus dem Bansen Shukai zeigen verschiedene Haken und Seile. Ein Seil mit Haken war für einen Ninja ein wichtiger Ausrüstungsgegenstand.**

Schwert nicht am Gürtel, sondern auf dem Rücken, wobei sich das Heft in Höhe des linken Ohrs befand.

Eine andere Methode, ein Schwert zu tragen, sollte hier ebenfalls erwähnt werden. Entstanden ist sie aus der Technik der Ninja, potentiell gefährliche Orte wie beispielsweise den Korridor einer Burg zu erkunden. Dabei balancierte der Ninja die Scheide des Schwerts auf der Spitze der Klinge, wobei er die Halteriemen des Scheide fest zwischen die Zähne nahm. Auf diese Weise konnte der Ninja seine Wahrnehmung praktisch um bis zu zwei Meter „ausdehnen". Wenn das Ende der Scheide auf einen Gegner traf, ließ der Ninja sie fallen und machte einen Satz nach vorn direkt auf den Widersacher zu. Ein Schwert konnte auch dazu benutzt werden, eine Mauer hinaufzuklettern, da das starke eiserne „tsuba" (Stichblatt) als Stufe dienen konnte, wenn das Schwert an die Mauer angelehnt war. Der Ninja band das Ende der Halteriemen um seinen Fuß, damit er das Schwert hochziehen konnte, sobald er die Mauer erklommen hatte.

Es erübrigt sich fast zu sagen, dass ein Ninja eine Vielfalt von Waffen an seinem Körper verborgen mit sich trug. Ein harmlos aussehender japanischer Fächer konnte durchaus eine Klinge in sich bergen. Schwere eiserne Schlagringe namens „tekagi" sind ebenfalls überliefert. Ein weiteres, oft verwendetes Ausrüstungsbestandteil war das Kletterseil mit Haken. Es bestand aus einem Greifhaken mit drei oder vier Krallen, an dem ein sehr starkes Seil festgemacht war und das bequem am Gürtel getragen werden konnte. An diesem Gürtel war außerdem Platz für eine vielseitig verwendbare kleine Tasche, in der man Wurfgeschosse wie kurze Messer oder die bekannten „shuriken" (Ninja-Sterne) verstauen konnte, die beide so geworfen wurden, dass sie auf ihr Ziel zu wirbelten. Gleichfalls konnten „tetsu bishi" (Fußeisen) mitgeführt werden. Die bestanden aus Eisendornen, die in der Form eines Tetraeders angeordnet waren, so dass einer der Dornen immer nach oben zeigte. Da Samurai üblicherweise Schuhwerk mit dünner Sohle trugen, eigneten sich diese Fußeisen hervorragend, um den Abstand zu den Verfolgern zu vergrößern. Auch Gifte und Gegengifte sowie Notrationen konnten in dieser Tasche untergebracht werden. Weitere Bestandteile der Ninja-Standardausrüstung finden sich auf Farbtafel A.

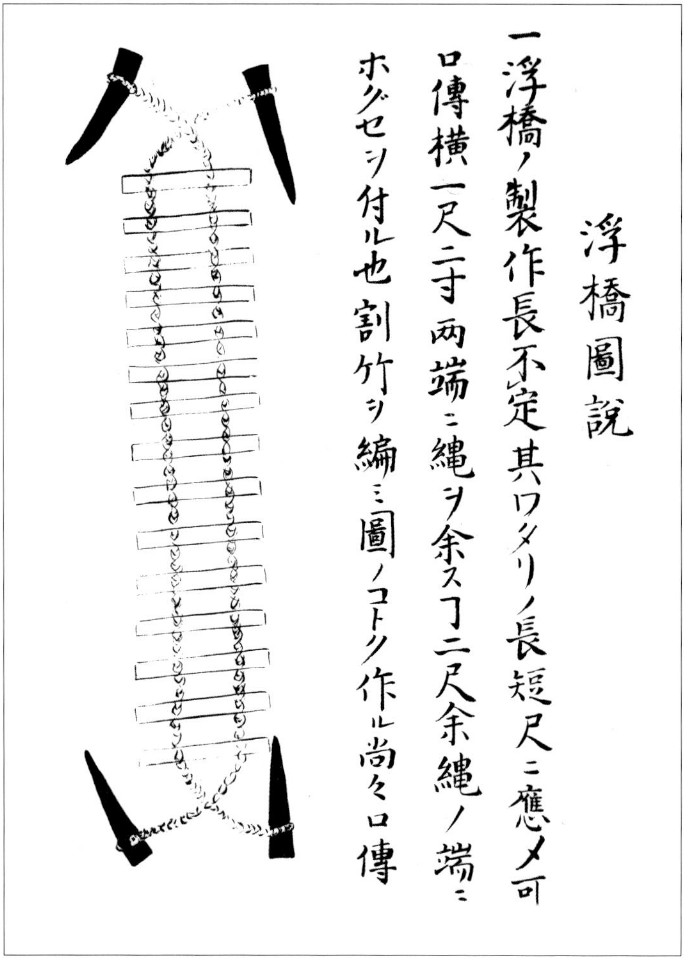


**Eine Strickleiter mit Holzsprossen, die so entworfen ist, damit sie z.B. einen Graben überspannt und dessen überquerung anderen erleichtert. Die Illustration entstammt dem Bansen Shukai.**

## Spezielle Ninja-Ausrüstung

Es gab auch eine Vielzahl kurioser und genialer Spezialwaffen und -werkzeuge, die ein Ninja in besonderen Fällen benutzen konnte. Viele von ihnen werden im Bansen Shukai - dem Ninja-Handbuch aus dem 17. Jahrhundert - beschrieben und sind auch dort abgebildet. Einige der Illustrationen auf diesen Seiten stammen aus diesem Buch. Wir werden uns zunächst mit den Objekten befassen, die helfen sollen, eine Burgmauer zu überwinden, um in die Burg zu gelangen - eine häufig anzutreffende Aktivität eines Ninja.

Stellen wir uns zunächst vor, wie ein typischer Ninja heimlich in der Nacht in eine Burg einzudringen versucht. Erst einmal muss er den Graben durchqueren. Natürlich konnte er hindurchschwimmen, da man selbst von einem gewöhnlichen Samurai erwartete, dass er geschickt genug war, um auch beim Schwimmen seine Waffen einsetzen zu können. Sobald aber der Plan eines Ninja die Verwendung von Sprengstoff vorsah, konnte er es nicht riskieren, dass das Schießpulver nass wurde. In diesem Fall konnte er sein Seil mit Haken einsetzen, um sich Hand über Hand durch den Graben zu ziehen. Handelte es sich allerdings um einen breiten Graben, bestand die sicherere Alternative darin, irgendeine Form von Floß zu benutzen, um an das gegenüber liegende Ufer zu gelangen. Das bekannteste Mittel waren die „mizugumo“, hölzerne Wasserschuhe, die im Bansen Shukai abgebildet sind, die allerdings sehr kippelig aussehen. Im Bansen Shukai wird auch ein vorgefertigtes Boot gezeigt. Wenn die Ninja dagegen als Gruppe auftraten, konnte einer von ihnen den Graben durchschwimmen und dann seinen Kameraden helfen, indem er eine einfache Strickleiter befestigte (s. Abb. links)

Nun musste die Burgmauer bezwungen werden. In vielen Fällen erlaubten die geneigten Mauern mit breiten Zwischenräumen zwischen den Steinen ein müheloses Vorankommen, doch gelegentlich kamen auch mechanische Hilfsmittel zum Einsatz. Das Seil mit dem daran befestigten Haken wurde ja bereits erwähnt, aber bei schwierigeren Mauern benötigte man sogar eine Art tragbare Leiter. Die einfachste Ausführung war eine simple Strickleiter mit stabilen Holzsprossen und stabilen Haken am oberen Ende. Eine phantasievolle Version dieser Leiter bestand aus einer Reihe kurzer Bambusstücke. Ein Seil war durch jeden Abschnitt gezogen, abwechselnd quer und über die ganze Länge. Am oberen Ende war ein Haken befestigt, und sobald das Seil insgesamt strammgezogen und festgemacht war, hatte man eine leichte, wenn auch wacklige Leiter. Andere Hilfsmittel gab es für die Füße in Form von Klettergerät, das die Funktion von Steigeisen erfüllte.

War die aus Steinen errichtete Basis erst einmal überwunden, stand der Ninja vor der nächsten Herausforderung: den weißen verputzten Wänden, die sich darüber erstreckten. Einige dieser Mauern waren recht einfache Außenmauern, die von Schießscharten für Pfeile und Schusswaffen durchsetzt waren, während andere kunstvolle Überbauten und Türme bildeten. Da es wegen der gekachelten, schützenden Oberfläche oberhalb der weißen Mauer einen beträchtlichen Überhang gab, war es für den Ninja meist der einfachste Weg, sich durch die Mauer in die Feste zu arbeiten. Dabei kam ihm die Bauweise dieser Mauern zugute, da es sich bei ihnen um mit Lehm beworfenes und dann verputztes Flechtwerk handelte, so dass ein Ninja das „kunai" zum Einsatz bringen konnte, eine Kreuzung aus einem Messer mit breiter Klinge und einem Spachtel. Durch Stechen und Schneiden konnte ein Ninja recht schnell ein Loch in die Wand schneiden, das groß genug war, um hindurchzuklettern.

Viele der Gebäude innerhalb der Mauern japanischer Burgen waren aus Holz gebaut. In manchen Fällen gehörte dazu auch das „yashiki" (Herrenhaus) des Daimyo, bei dem es sich oft um ein palastartiges Bauwerk zusätzlich zur Feste handelte, und das benutzt wurde, um Besucher zu empfangen. Es wurde stets schwer bewacht.

Tragbare Abhörvorrichtungen, so genannte „saoto hikigane", die wie Hörrohre funktionierten, machten es dem Ninja möglich, Unterhaltungen zu belauschen und die Bewegungen der Wachen zu bestimmen. Damit ein Ninja in ein derartiges Holzgebäude ungesehen eindringen konnte, benötigte er eine Art von Säge. In den Ninja-Handbüchern werden zahlreiche Sägen gezeigt. Das „hamagari" beispielsweise war eine lange, schmale Säge mit vielen und sehr scharfen Zähnen, die wie ein Taschenmesser zusammengeklappt werden konnte. Alternativ dazu konnte der Ninja auch zwei verschiedene Werkzeuge nacheinander einsetzen, um kleine Lücken zwischen den Holzbohlen zu schaffen. Das erste Werkzeug war eine Eisengabel mit zwei Zinken, die dazu diente, eine Lücke durch Drehen ein wenig zu verbreitern, um Platz genug zu schaffen, damit eine dünne, mit feinen Zähnen besetzte Säge in Form eines Blatts eingeführt werden konnte. Die Eisengabel konnte auch dazu benutzt werden, um das Holz zu spalten, doch das dabei entstehende Geräusch hätte den Ninja sofort verraten.

Ein Ninja musste auch im Umgang mit Schusswaffen und Sprengstoffen bestens vertraut sein. Die Hakenbüchse mit Luntenschloss, die 1543 in Japan eingeführt wurde, war zu grobschlächtig, um von einem Ninja als Waffe benutzt zu werden, es sei denn, sie diente einem

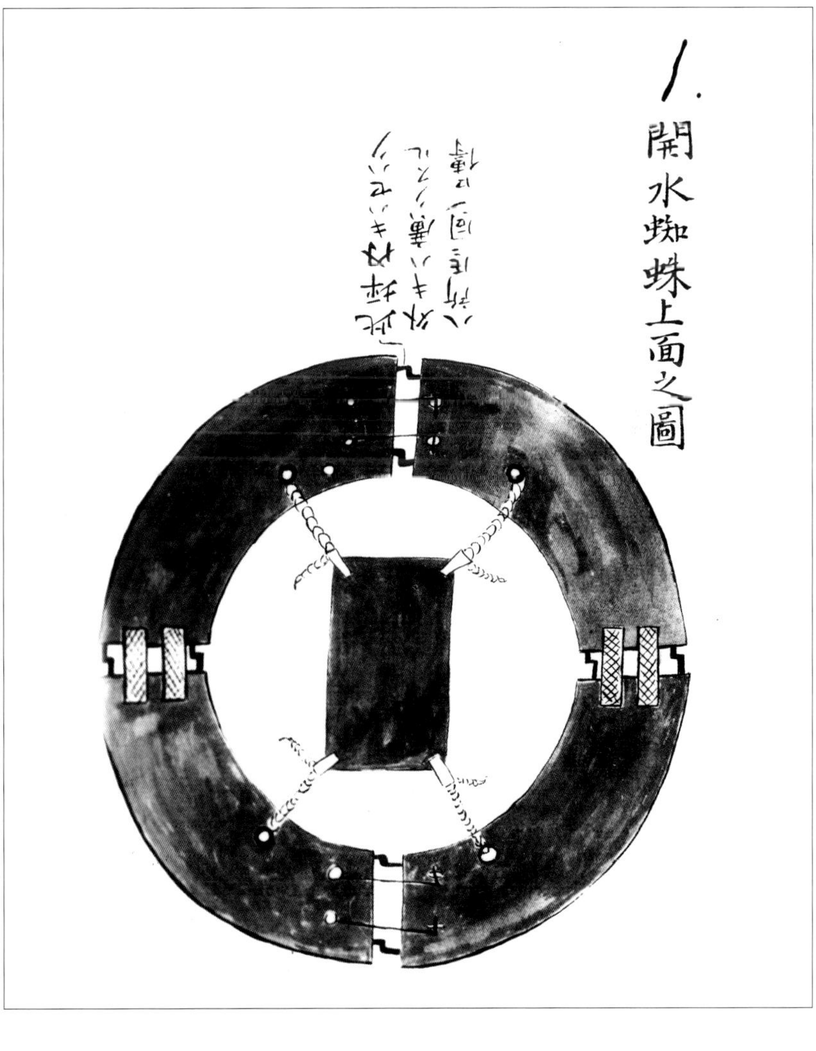


**Diese Illustration aus dem Bansen Shukai zeigt die berühmte (und berüchtigte) Wasserspinne. Ein Ninja musste je eine an jedem Fuß tragen, um über Wasser gehen zu können.**

Scharfschützen als Schusswaffe. Pistolen mit Luntenschloss konnten von einem Ninja schon müheloser mitgeführt werden, doch die für seine Zwecke bestens geeignete Pistole mit Radschloss erreichte Japan zu spät, um noch im Krieg eingesetzt zu werden. Daneben verfügte ein Ninja über eine große Auswahl an Sprengsätzen, die überwiegend chinesischen Ursprungs waren. Zwei Typen wurden vorrangig benutzt. Der erste war eine Bombe in einem Behältnis aus Papier oder Korb, die so angelegt war, dass sie Rauch oder Giftgas freisetzte oder durch die dröhnende Explosion den Gegner beunruhigte. Eisenstücke, Tonscherben oder getrocknete menschliche Exkremente konnten hinzugefügt werden, um Menschen Verletzungen zuzufügen.

Der zweite Typ waren Bomben in fester Ummantelung, entweder aus Ton oder Eisen. Letztere konnten so wie eine Splitterbombe schreckliche Verletzungen verursachen, und größere Ausführungen besaßen genügend Sprengkraft, um ein Loch in die verputzten Wände der Burg zu reißen. Kleinere Versionen konnten von Hand geworfen werden, was sie zu wirkungsvollen Handgranaten machte. Gezündet wurden sie mit Zunder oder durch eine Zündschnur, die in einem wasserfesten, lackierten Behälter mitgeführt wurde.

Von einem Ninja erwartete man auch, dass er ein Scharfschütze mit Pfeil und Bogen war. Es existierten spezielle kleine Ninja-Bogen, die leichter mitgeführt werden konnten. Ein Ninja verstand es auch, die in den Kampfkünsten gebräuchlichen Waffen anzuwenden, die ihren Ursprung in landwirtschaftlichen Geräten hatten wie zum Beispiel das „kusarigama", eine Kombination aus einer Sichel und einer Kette. An einem Ende der Kette war ein Gewicht festgemacht, so dass sie geworfen werden konnte, um einen Verfolger zu stoppen. Der Angreifer konnte diesem dann die Beine unter dem Leib wegziehen und ihn mit der Sichel töten. Die Ninja-Ausführung dieser Waffe, das „shinobigama", zeichnete sich dadurch aus, dass die Klinge kleiner und sehr scharf war und in einer Scheide steckte, wenn sie nicht benötigt wurde. Auf den Farbtafeln A und B finden sich Illustrationen weiterer spezieller Ninja-Ausrüstungsgegenstände und Waffen.

## Ninja-Techniken

Ninja verließen sich keineswegs auf ausgefeilte Werkzeuge, um in befestigte Gebäude vorzudringen.

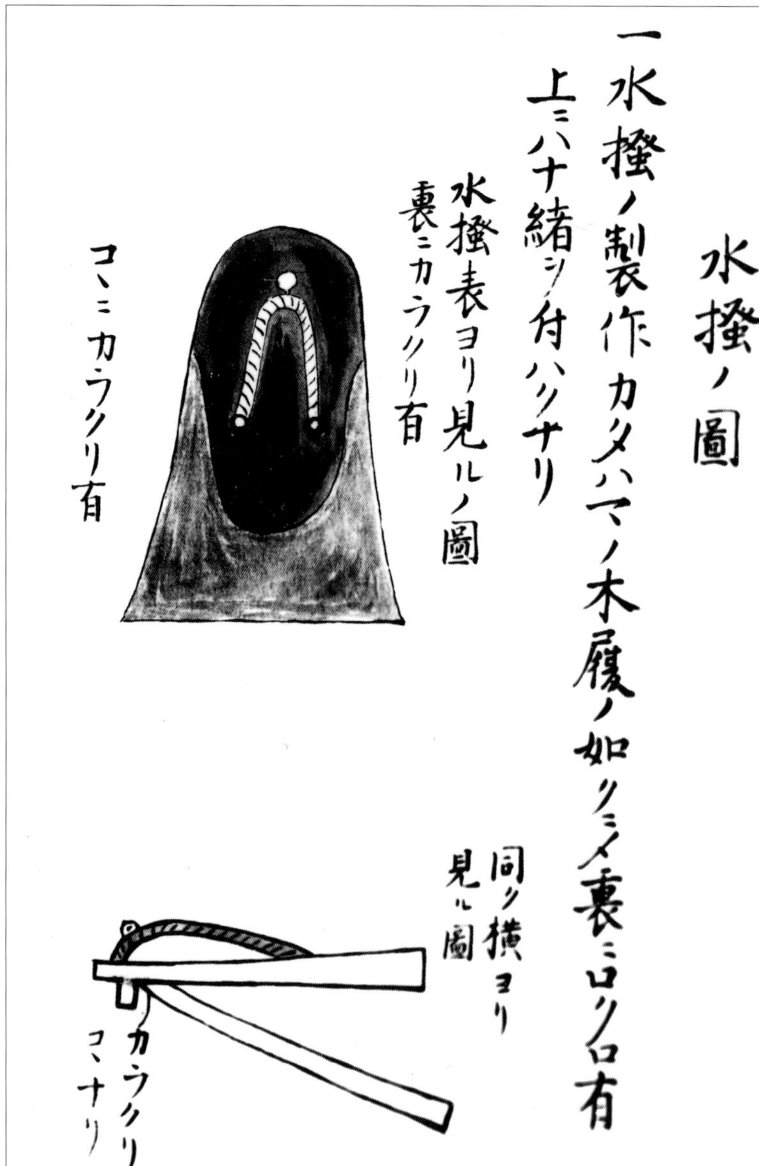


**Die speziellen „geta" (Holzschuhe), die zusammen mit der Wasserspinne getragen werden mussten. Die Illustration entstammt dem Bansen Shukai.**

Teamwork und Kooperation waren ebenfalls von Bedeutung, und ihre Beherrschung akrobatischer Fähigkeiten könnten den Mythos in die Welt gesetzt haben, Ninja könnten fliegen. Beispielsweise gab es Zwei-, Drei- und Vier-Mann-Techniken, um eine Mauer zu überwinden. In der ersten Version lief ein Ninja nach vorn, während er seinen Kameraden auf den Schultern trug, der dann aus dieser erhöhten Position absprang. Zwei Mann konnten einem dritten dabei behilflich sein, über eine Mauer zu „fliegen", wenn sie ihm den richtigen Schwung gaben. Mit vier Mann wurde es möglich, eine menschliche Pyramide zu bauen.

Andere Ninja benutzten wiederum den langen Speer eines Infanteristen, um mit ihm wie ein Stabhochspringer ein Hindernis zu überwinden. Es ist sogar denkbar, dass ein Ninja mit Hilfe eines Drachens vom Boden aufstieg, um eine feindliche Burg auszuspionieren oder um Bomben abzuwerfen.

Die Technologie für ein solches Fluggerät existierte zu dieser Zeit bereits, doch die Erweiterung dieser Möglichkeit auf „menschliche Gleiter" oder gar „menschliche Kanonenkugeln" gehört ins Reich der Ninja-Phantasien.

# Arbeitsbedingungen

## Die Heimat der Ninja

Zwei Orte sind unauslöschlich mit den Ninja und mit Ninjutsu verbunden. Es handelt sich dabei um die Provinz Iga und den südlichen Teil der Provinz Omi, besser bekannt als Koga. Die Fülle an historisch belegten Hinweisen lässt den Schluss zu, dass die weit verbreitete Ansicht im Großen und Ganzen zutrifft, Iga und Koga seien die wichtigsten Wiegen der Ninja. In der Chronik Go kagami furoku heißt es: „Es gab einen Gefolgsmann der Familie von Kawai Akino-kami aus Iga, von herausragendem Geschick in Shinobi, und damit wurde für Generationen der Name der Leute aus Iga begründet. Eine weitere Tradition wuchs in Koga heran."

Mit anderen Worten: Die Bewohner der Region Iga/Koga (sie teilen eine Grenze) entwickelten ein gewisses Geschick bei jenen Fertigkeiten und Techniken, die später als Ninjutsu bekannt werden sollten. Wichtiger aber noch ist, dass sie sich als Söldner verdingten, bis ihre Provinz 1581 von Oda Nobunaga geplündert wurde.

Ein kurzer Blick auf das mittelalterliche Japan gibt

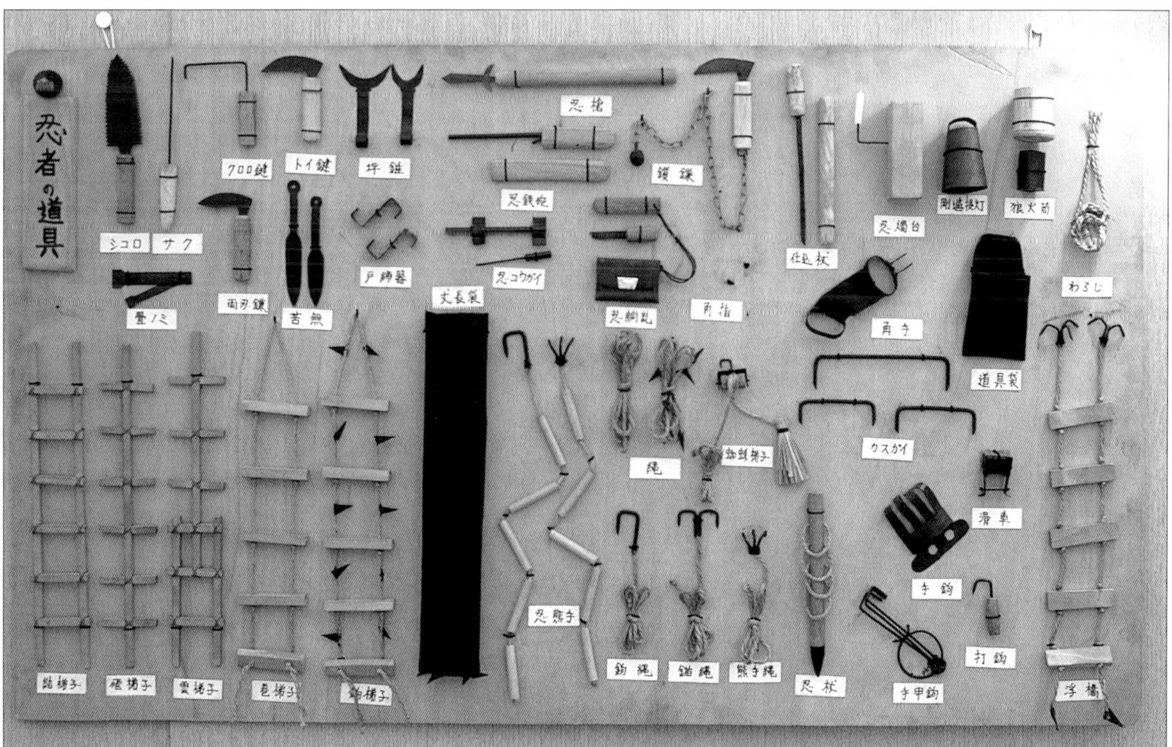


**Modelle der Ninja-Ausrüstungsgegenstände, von denen die meisten in diesem Buch beschrieben werden, in einer Ausstellung des Ninja-Museums in Iga Ueno.**

einen Hinweis darauf, warum die Region Iga/Koga das Potential besessen haben könnte, eine Reihe von unabhängig denkenden Familien hervorzubringen, die durch ihr militärisches Geschick so ausreichend vor Feinden geschützt waren, dass es sie in die Lage versetzte, diese Talente anderen zur Verfügung zu stellen. Die Provinz Iga (heute der nordwestliche Teil der Präfektur Mie) war vollständig landumschlossen, und die Grenze verlief fast auf ihrer gesamten Länge entlang der Gipfel mehrerer Gebirgsketten. Damit waren die Dörfer in den Ebenen in ihrer Mitte von einem natürlichen Verteidigungswall umgeben, der nur von steilen Gebirgspässen unterbrochen wurde.

Die eine Grenze, die nicht vollständig durch Berge geschützt ist, liegt im Norden und berührt Koga, den südlichen Teil der Provinz Omi. Diese Lage ist in etwa vergleichbar mit der Situation der Schweiz - wenn auch in einem viel kleineren Maßstab -, für die die Gebirgszüge gleichermaßen eine hervorragende natürliche Verteidigungslinie bilden.

Betrachtet man die topographischen Eigenheiten etwas genauer, dann erkennt man, dass es sich um eine politisch sehr sensible Region handelte. Sie liegt unmittelbar südlich des „Halses" des mittelalterlichen Japan, jenem schmalen Streifen Land zwischen dem Biwa-See und der Bucht von Owari, der das Land säuberlich in zwei Hälften zerteilt. An der Einmündung zum Biwa-See lag die damalige Hauptstadt Kyoto, von der aus zwei Hauptstraßen nach Osten verliefen: die Tokaido und die Nakasendo. Bis nach Kusatsu waren diese beiden Routen genaugenommen identisch, erst bei Kusatsu bog die Tokaido in Richtung Küste der Provinz Ise ab, streifte nördlich von Iga/Koga den Suzuka-Pass, um dann dem Verlauf der Pazifikküste zu folgen. Die Nakasendo zweigte nach Nordost ab und verlief am Rand des Biwa-Sees entlang, um sich dann durch die Berge der „japanischen Alpe" zu schlängeln und in der Nähe des heutigen Tokio wieder mit der Tokaido zusammenzutreffen.

Das Gebiet Iga/Koga bildete damit eine Brücke zwischen den von der Hauptstadt ausgehenden, wichtigsten Handelsrouten und den gewaltigen Bergen der Halbinsel Kii im Süden. Diese Berge versetzen den Reisenden noch heute in Erstaunen, da sie das Gefühl großer Abgeschiedenheit vermitteln, gleichzeitig aber sehr nah an die Großstädte Osaka und Kyoto angrenzen. In dieser Gebirgsregion gab es Menschen, die ihr gesamtes Leben in einem winzigen Bergdorf verbrachten, das bis vor relativ kurzer Zeit völlig vom übrigen Japan abgesondert existiert hatte und das bis dahin nur von den wandernden Yamabushi besucht wurde, die in der unberührten Landschaft auf Pilgerreise waren. In mehreren Berichten werden diese Berge als Unterschlupf von Banditen beschrieben, die als Straßenräuber entlang der Tokaido oder als Piraten vor der Küste der nahe gelegenen Provinz Ise in Erscheinung traten. Viele Ninja-Legenden haben ohne Zweifel ihren Ursprung in der Übertreibung der Taten dieser höchst unmagischen Räuberbanden, so auch die vom sagenumwobenen Gesetzlosen Ishikawa Goemon, der im Ninjutsu sehr bewandert gewesen sein soll. Der Historiker Sasama fasst die Situation in Iga so zusammen:

> *In der Provinz Iga war Jinki Iga-no-kami zur Zeit des Onin[-Krieges] Provinzgouverneur, doch diese waren danach für Generationen im Niedergang begriffen, und in Iga gab es nur wenige, die dort lebten, um die „ji-samurai" (Land-Samurai) zu regieren. Die „ji-samurai" waren mit Familien in den Bergen und an den Küsten benachbarter Provinzen verbunden. Es handelte sich bei ihnen um Banditen und Piraten, die von der Jagd und vom Fischen lebten. In späteren Jahren ließen sich die so genannten Iga-shu in verschiedenen Provinzen wie zum Beispiel Oda-*

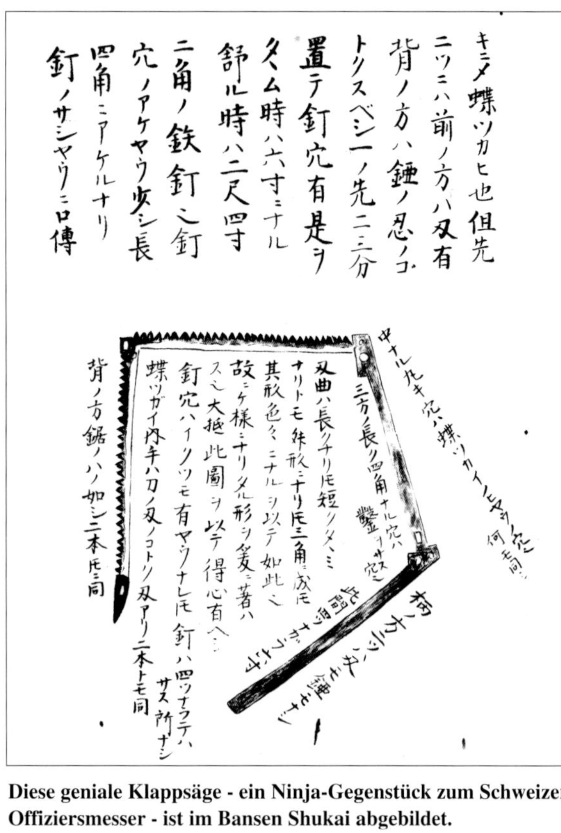

**Diese geniale Klappsäge - ein Ninja-Gegenstück zum Schweizer Offiziersmesser - ist im Bansen Shukai abgebildet.**

*wara in Gruppen zu 50 oder 30 Mann rekrutieren und sich für Hinterhalte einsetzen.*

Der archäologische Beweis, den zahlreiche Festungen in Koga liefern, ist ebenfalls sehr aufschlussreich. Von 21 auf Gipfeln gelegenen Burgen datieren viele aus einer frühen Phase der Sengoku-Periode und bilden damit den Beleg für beträchtliche militärische Aktivitäten in jener Zeit. Die verschiedenen Familien waren in einer komplexen Hierarchie gegenseitigen Rückhalts miteinander verbunden, wodurch die idealen Bedingungen gegeben waren, damit Söldneraktivitäten florieren konnten. Die Familie Wada beispielsweise hatte die Kontrolle über eine Reihe von Festungen, die auf Bergspitzen entlang eines Flusstals gelegen waren. Wada Koremasa (1536-83) hatte in Koga genug Einfluss, um dem zukünftigen Shogun Ashikaga Yoshiaki Unterschlupf zu gewähren, nachdem sein Bruder Ashikaga Yoshiteru 1565 Selbstmord begangen hatte.

## Der Alltag im Ninja-Dorf

So wie fast jeder Aspekt in der japanischen Gesellschaft basierte auch die soziale Struktur in der Ninja-Gemeinde der Provinz Iga auf einer strengen Hierarchie. An der Spitze dieser Hierarchie standen die „shonin“, die hochrangigen Familienoberhäupter. Abhängig von seinem Reichtum ähnelte ein Shonin entweder einem niederen Daimyo oder dem Vorsteher des Dorfs. Beispiele für Shonin sind der berühmte Hattori Hanzo, Momochi Sandayu und Fujibayashi Nagato-no-kami. Den Shonin unterstellt waren die „chunin“, die als leitende Kommandeure und als Sprecher der Familien auftraten. Die Chunin trafen die geschäftlichen Vereinbarungen, wenn Ninja auf Söldnerbasis angeheuert wurden. Ihnen wiederum unterstanden die niederen „genin“, diejenigen Ninja, die tatsächlich ausgesandt wurden, um gegen einen Feind vorzugehen.

Das typische Ninja-Dorf unterschied sich ganz erheblich von der von hektischem Treiben erfüllten Stadt rund um die Burg eines Daimyo. Auf den ersten Blick vermittelte ein solches Dorf den Eindruck eines blühenden landwirtschaftlichen Zentrums in einem typischen Territorium eines Daimyo. Der große Unterschied bestand allerdings in der Art und Weise, wie die - sehr subtile - Verteidigung des Dorfs angelegt war. Auf den Hügeln ringsum gab es eine Reihe von Signalfeuern, um frühzeitig vor einem Angriff zu warnen. Im Dorf selbst bildeten die Häuser der Genin den äußersten Ring, während das Haus des Shonin in der Mitte lag. Dabei konnte es sich durchaus um ein schlichtes Bauernhaus handeln, doch es befand sich inmitten eine Labyrinths aus Reisfeldern, die als natürlicher Graben dienten, da sie die meiste Zeit des Jahres über unter Wasser standen. Steile Erdwälle und ein Bambuszaun oder eine Dornenhecke bildeten zusätzliche Abwehrmechanismen. Die Wege zwischen den Reisfeldern waren sehr schmal, und ein Glockenturm sorgte dafür, dass die Bewohner vor drohenden Gefahren gewarnt werden konnten.

## Das Ninja-Haus

An verschiedenen Orten in Japan kann man heute so genannte Ninja-Häuser besuchen, die an ihren ursprünglichen Standorten abgebaut und an anderer Stelle als Touristenattraktion wieder errichtet wurden. Natürlich finden sich in ihnen diverse Falltüren und Verstecke, jedoch stellt sich die Frage, wie authentisch sie sind.

Es erscheint logisch, dass ein mächtiger und bestens beschirmter Shonin die von ihm beherrschten Techniken zu seinem eigenen Vorteil nutzen und sein

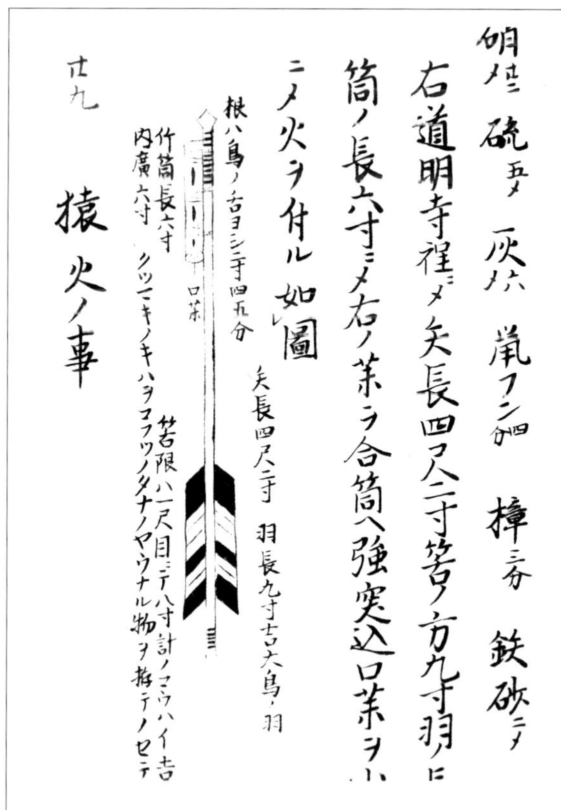


**Diese Illustration aus dem Bansen Shukai zeigt eine Ninja-Rakete, die exakt den zeitgenössischen chinesischen Beschreibungen entspricht.**

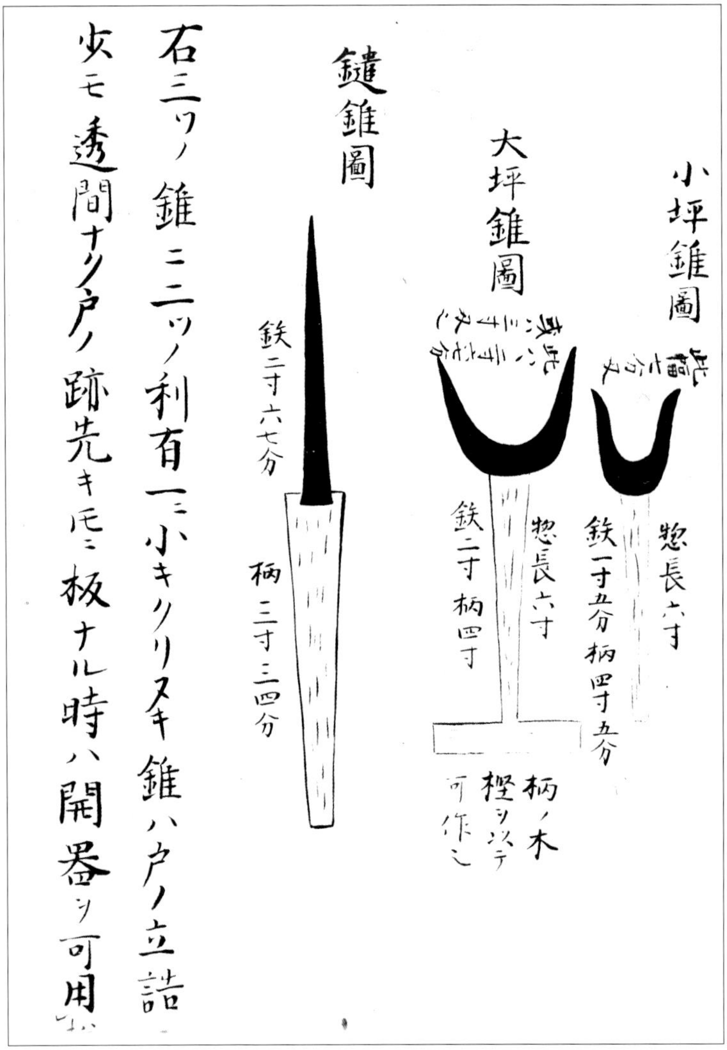


**Eine Auswahl von Ninja-Einbruchswerkzeugen aus dem Bansen Shukai. Farbtafel B bietet eine detaillierte Beschreibung.**

Haus so sicher wie möglich gestalten würde, um gegen die Art von Überraschungsangriffen gewappnet zu sein, die er selbst so erfolgreich durchgeführt hatte. Die begründete Angst vor Attentaten veranlasste manchen mächtigen Daimyo dazu, historisch belegte Vorrichtungen in sein Herrenhaus oder seine Burg einzubeziehen. Die simpelsten Vorrichtungen waren solche, die es den Wachen des Shonin ermöglichten, einen Besucher heimlich zu beobachten und einen Attentäter binnen Sekunden zu überwältigen. Unter einer lockeren Laufdiele nahe der Stelle, an der sich der Arm des Shonin während einer Audienz befand, konnte jederzeit griffbereit ein Schwert verborgen werden. Schiebewände, die in japanischen Häusern regelmäßig anzutreffen sind, konnten so konstruiert sein, dass man sie um eine zentrale Achse drehen und ein Mann buchstäblich von einem Augenblick auf den nächsten verschwinden konnte. Treppen konnten so gebaut sein, dass sie weggeklappt werden konnten, um einen Angreifer zu verwirren. Eine Falltür in einem dunklen Flur konnte einen Attentäter in eine Reihe vergifteter Speere stürzen lassen. Auch eine Treppe, die sofort eingezogen wurde, sobald man auf dem hervorstehenden Ende stand, konnte dazu beitragen, einen verfolgenden Ninja in die Irre zu führen.

Das interessanteste Beispiel für ein Ninja-sicheres Haus, das die Zeit überdauert hat und zweifellos das authentischste aller derartiger Bauwerke darstellt, ist das bekannte Nijo jinya in Kyoto. Dieses Haus, das nahe der Burg Nijo lag, war das Heim von Ogawa Nagatsuka, einem ehemaligen Samurai, der sich auf den Reishandel verlegt hatte. Viele der so genannten Anti-Ninja-Vorrichtungen waren in Wahrheit sehr wohlüberlegte Brandschutzmaßnahmen, was auch erklärt, warum das Haus so lange überleben konnte. Es gibt aber auch eine ganze Reihe von Vorrichtungen, die Verbrechen verhindern sollten und die speziell so entworfen waren, dass sie den Eigentümer vor dem Eindringen nicht autorisierter Personen schützten. Diese Vorrichtungen werden weiter unten im Kapitel über Attentate beschrieben.

## Ein Leben für die Schlacht

Für die Ninja hatte „das Leben für die Schlacht“ eine völlig andere Bedeutung als für die konventionellen Samurai oder die „ashigaru“ (Infanteristen). Ninja wurden auf eng umrissene, kurzfristige Operationen entsandt, oder aber man ließ sie bei Feldzügen von nicht näher definierter oder völlig unbekannter Dauer mit einer Armee mitreisen. Eine Belagerung konnte beispielsweise Monate dauern, während der man die Ninja einsetzte, um Informationen zusammenzutragen oder um in einer Burg für Verwirrung zu sorgen.

**Ninja in traditionellem Kostüm mit der wesentlichen persönlichen Ausrüstung.**

A

Spezielle Ninja-Ausrüstung und ihre Anwendung.

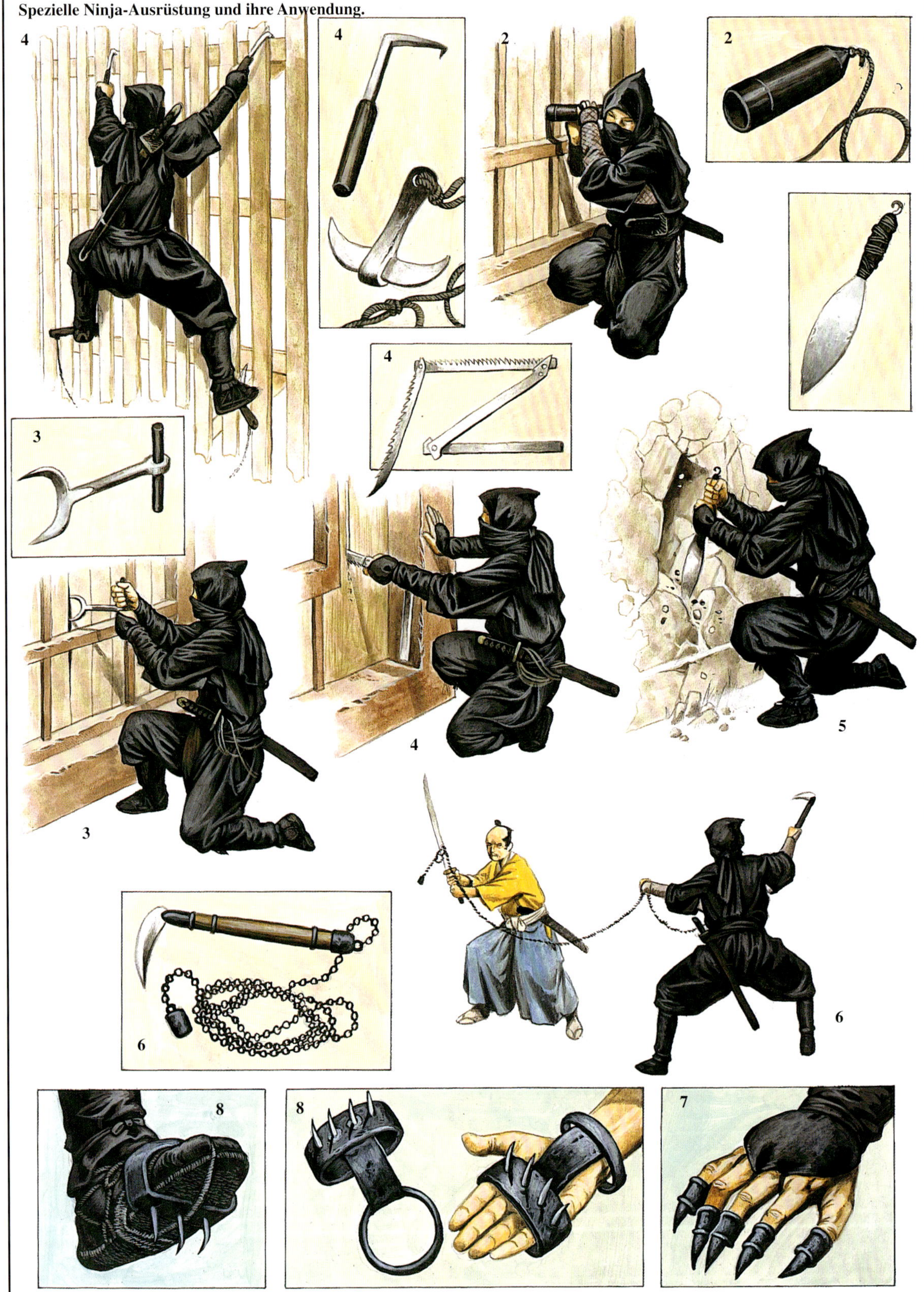


B

**Entwicklung, Training und Rekrutierung eines Ninja.**

D

Ein Ninja, der als Yamabushi getarnt ist, kehrt in sein Dorf in der Provinz Iga zurück.

Ein Ninja-Haus

Ninja auf dem Feldzug 1: Eindringen in eine Burg

F

G

H

## Spionage

Das Buke Meimokusho verdeutlicht den Einsatz von Ninja zum Zweck der Informationsgewinnung und der Spionage vor einem militärischen Feldzug:

> *Shinobi-monomi waren Menschen, die auf geheime Weise eingesetzt wurden. Ihre Aufgabe war es, sich in die Berge zu begeben und sich als jemand zu tarnen, der dort Feuerholz sammelte, um auf diese Weise Informationen über das feindliche Territorium herauszufinden und zusammenzutragen ... sie waren vor allem Experten darin, getarnt zu reisen.*

Dies waren die Gelegenheiten, bei denen sich eine Tarnung als Komuso als nützlich erweisen konnte. Die frühesten schriftlichen Zeugnisse, die darauf verweisen, dass Ninja aus Iga oder Koga so vorgingen, finden sich im Anhang zum Nochi Kagami, den Annalen des Shogunats Ashikaga. An einer Stelle heißt es: „Was die Ninja anging, so hieß es, sie seien aus Iga und Koga gewesen. Sie begaben sich heimlich und ungehindert in feindliche Burgen. Sie beobachteten Dinge, die sich im Verborgenen abspielten, und sie wurden wie Freunde aufgenommen."

Dieser Abschnitt geht dann über in die Erwähnung eines bestimmten Feldzugs, in den die Männer aus Iga verstrickt waren:

> *Im Lager des Shogun Yoshihisa bei Magari gab es Shinobi, deren Namen im ganzen Land bekannt waren. Als Yoshihisa einen Angriff auf Rokkaku Takayori führte, machte sich die Familie von Kawai Aki-no-kami aus Iga, die ihm bei Magari diente, als Shinobi für die große Armee des Shogun in hohem Maße verdient. Seitdem sind die nachfolgenden Generationen der Männer von Iga bewundert worden. Dies ist der Ursprung für den Ruhm der Männer von Iga.*

Der Hinweis auf die Namen Rokkaku Takayori und des Shogun Ashikaga Yoshihisa machen es uns möglich, diesen Kampf als im Jahr 1487 ausgetragen zu identifizieren. Yoshihisa, der von seinem Vater Yoshimasa mit neun Jahren in die Position eines Shogun erhoben worden war, leitete - als er alt genug war - Maßnahmen ein, um die militärische Bedeutung seiner Familie wiederherzustellen. Die Gelegenheit dazu ergab sich 1487, als gut 46 Grundbesitzer der Provinz Omi, darunter einige aus Koga, an den Shogun appelliert hatten, etwas gegen die Exzesse des Shugo von Omi, Rokkaku Takayori, zu unternehmen, der im Begriff war, sich alles Land anzueignen. Das war an sich nichts Ungewöhnliches. Die Shugo waren die Provinzgouverneure, die von Ashikaga bestimmt worden waren. Durch das Chaos des Onin-Krieges war es manchem Shugo möglich geworden, seine Verpflichtung gegenüber dem Shogun zu ignorieren und mit dem ihm anvertrauten Territorium nach Belieben zu verfahren. Doch der stolze junge Shogun, der kriegerischste seiner Familie seit einem Jahrhundert, erachtete eine solche Anmaßung nicht als hinnehmbar und war nicht bereit, dieses Verhalten zu tolerieren. Persönlich führte er einen Kriegszug gegen Rokkaku Takayori an und belagerte ihn in seiner Burg Kannonji in der Provinz Omi.

Der junge Yoshihisa richtete sein Lager in dem nahe gelegenen Dorf Magari ein. Ihm schlossen sich mehrere Verbündete an, die sich hinter die Sache des Shogunats gestellt hatten. Er machte gute Fortschritte, doch bedauerlicherweise konnte Yoshihisas körperliche Gesundheit es nicht mit seiner geistigen Verfassung aufnehmen. Er erkrankte im Lager und

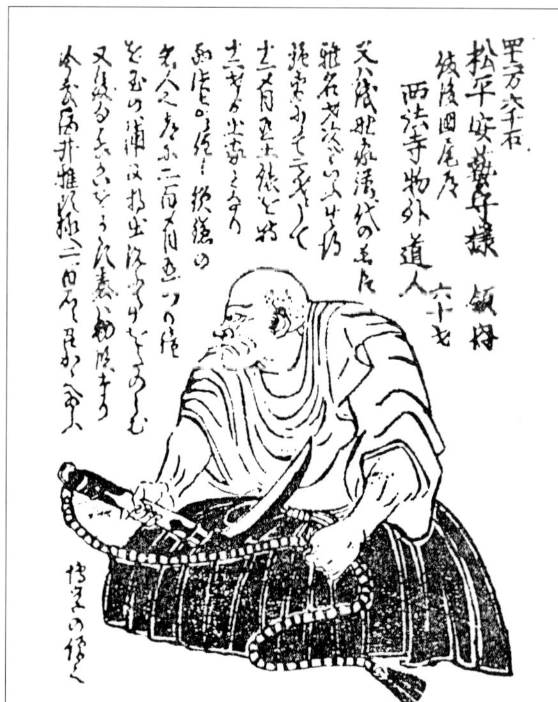

**Das „kusari gama", die beliebte Kombination aus Sichel und Kette, ist hier in einer Illustration aus einem alten Buch über Kampfkünste zu sehen. Sinn dieser Konstruktion war es, die beschwerte Kette zu werfen, damit sie sich dem Gegner um den Arm oder um das Bein wickelte und er dann mit der Sichel getötet werden konnte.**

fiel seiner Krankheit schließlich zum Opfer. Seine Armee brach daraufhin das Lager ab und kehrte nach Kyoto zurück. Um 1487 war der Einsatz von Shinobi aus Iga als Söldner ein fester Bestandteil. Bedauerlicherweise gibt es keine präzisen Angaben darüber, wie die Ninja gegen die Burg Kannonji eingesetzt wurden, doch es ist davon auszugehen, dass sie zumindest Informationen zusammentrugen.

## Brandstiftung

Gut sechzig Jahre nach den Schilderungen im Nochi Kagami findet sich ein Hinweis darauf, dass Ninja aus Iga eingesetzt wurden, um Brände zu legen. Die Darstellung findet sich in einer zuverlässigen Chronik namens Tamon-In nikki, einem Tagebuch des Abtes Eishun von Tamon-In, einer Priorei des großen Kofuku-ji-Klosters von Nara. Der Eintrag für den 26. Tag des elften Monats in dem zehnten Jahr Tembun (1541) liest sich wie folgt:

> *An diesem Morgen, dem 26. Tag des elften Monats Tembun 10, drangen die Iga shu heimlich in die Burg Kasagi ein und setzten einige der Unterkünfte der Priester in Brand. Ebenso legten sie an verschiedenen Stellen im San no maru Feuer in Außengebäuden. Sie nahmen die Ichi no maru und Ni no maru [-Burgmauern] ein.*

**Die von Nebel umhüllten, mysteriösen Berge von Iga, die Heimat der Ninja. Iga war eine der japanischen Provinzen, die sich von allen mit am besten verteidigen ließ. Dort entwickelte sich die Tradition sehr unabhängig denkender Führungspersönlichkeiten. Die gesamten Streitkräfte des mächtigen Oda Nobunaga waren erforderlich, um Iga zu erobern.**

Das Wort „ maru“ bezieht sich auf die aufeinander folgenden Mauern der Burg. Die Chronik identifiziert an anderer Stelle den Verteidiger der Burg Kasagi als einen gewissen Kizawa Nagamasa, was uns die Möglichkeit gibt, die Umstände dieser Aktion etwas detaillierter zu skizzieren. 1540 fiel der ehrgeizige 17 Jahre alte Miyoshi Chokei in das Territorium von Kizawa Nagamasa ein. Die Kizawa-Armee bezog bei Kasagi Stellung, wo sie von Miyoshis Verbündetem Tsutsui Junsho angegriffen wurde. Daher ist anzunehmen, dass es Tsutsui Junsho war, der die Ninja von Iga gegen die Verteidiger einsetzte. Die Männer von Iga waren ihr Geld wert, denn bei dem Angriff, der der Brandstiftung folgte, wurde Kizawa Nagasama tödlich verletzt, so dass die Burg recht bald eingenommen werden konnte.

Es ist auch interessant anzumerken, dass sich in der Burg Kasagi eine sehr bekannte Familie aus der Region aufhielt - die Yagyu. Repräsentiert wurden sie durch Yagyu Ieyoshi, den Vater von Muneyoshi, der später eine der berühmtesten Schwertkampfschulen Japans gründete. Das Yagyu-Dorf lag am Fuß des Berges Kasagi, und als Kasagi fiel, setzten sich die Yagyu weiter zur Wehr. Der junge Muneyoshi trug 1544 gegen die Tsutsui seinen ersten Kampf aus. Ein Jahrhundert später wurden über seinen Enkel Jubei Mitsuyoshi Geschichten von dessen Taten als Ninja erzählt. Von daher ist es faszinierend, zu erleben, dass die Familie 1541 die Folgen des Ninjutsu ertragen musste.

Diese Männer aus Iga waren eindeutig keinem der Daimyo, denen sie auf einem Feldzug dienten, eine Vasallentreue schuldig. Ihr Dienst muss daher der von bezahlten Söldnern gewesen sein, was durch Worte wie „angeheuert“, „beschäftigt“ usw. angedeutet wird, auch wenn die Art der Bezahlung ein Rätsel ist. Das Thema Geld insgesamt wurde allerdings von den Samurai generell als unaussprechlich obszön angesehen, so dass es nicht wirklich verwundert, darüber nichts zu lesen.

**Ein Ninja-Attentäter lässt sich im Ninja-Museum in Iga Ueno von der Decke fallen.**

## Attentate

Die bekannteste und durch Romane und Erzählungen wohl auch am übertriebensten dargestellte Betätigung war die Rolle des Ninja als lautloser und todbringender Attentäter. Dies ist das Bild des Ninja par excellence, der in Schwarz gekleidet ist, sich mitten in der Nacht in die Burg schleicht und dann sein schlafendes Opfer mit Messer oder Gift tötet. In der Sengoku-Periode war Ermordung durch lautlose Profi-Killer oft die einzige Möglichkeit für einen Rivalen, einen wichtigen Daimyo außer Gefecht zu setzen, der sich für gewöhnlich mit mehreren Leibwächtern umgab. Selbst wenn man die Angst vor einem Attentat durch Ninja über alle Maßen hinaus übertreiben mochte, gab es keinen Grund, irgendwelche Risiken einzugehen.

Die Maßnahmen, die ergriffen wurden, um sich gegen Attentäter zu schützen, kann man bis zum heutigen Tag an diversen Orten überall in Japan begutachten. Natürlich waren Burgen grundsätzlich gut verteidigt. In den Privatgemächern in der Burg Inuyama gab es an der Rückwand der Räume hölzerne Schiebetüren, hinter denen bewaffnete Wachen postiert waren, um jederzeit zuschlagen zu können. Eine Burg konnte so angelegt sein, dass ein Besucher unter ständiger Beobachtung stand, sobald er am äußersten Tor angelangt war. Blinde Stellen und dunkle, im Schatten liegende Bereiche konnten durch eine entsprechende Bauweise ausgeschlossen werden. Das beste Beispiel ist wohl die Burg Himeji, bei der der Weg zur Feste durch ein Labyrinth aus Durchgängen und Pfaden verläuft.

Theoretisch konnte ein ganzes Gebäude „Ninjasicher“ gemacht werden, wie der berühmte und außergewöhnliche „Nachtigallen-Boden“ in der Burg Nijo in Kyoto zeigt. Jedes Jahr müssen Tausende von Touristen feststellen, dass es unmöglich ist, sich durch die Korridore mit dem polierten Boden zu bewegen, ohne das melodische Quietschen der sorgfältig ausgewogenen Laufdielen auszulösen, das mit dem Gesang der Nachtigall verglichen wurde und vor einem herannahenden Attentäter warnte. Die Kleidung, die am Hof des Shogun getragen werden musste, war der Familie Tokugawa ebenfalls dienlich. Die lange „naga-bakama“, jene weite Hose, die die Füße bedeckte und beim Gehen hinterhergeschleppt werden musste, machte einen Attentatsversuch auf den Shogun praktisch zu einem Ding der Unmöglichkeit.

Außerhalb seiner Burg oder seines Herrenhauses war ein Daimyo üblicherweise dann am verwundbarsten, wenn er sich von einer Verletzung erholte.

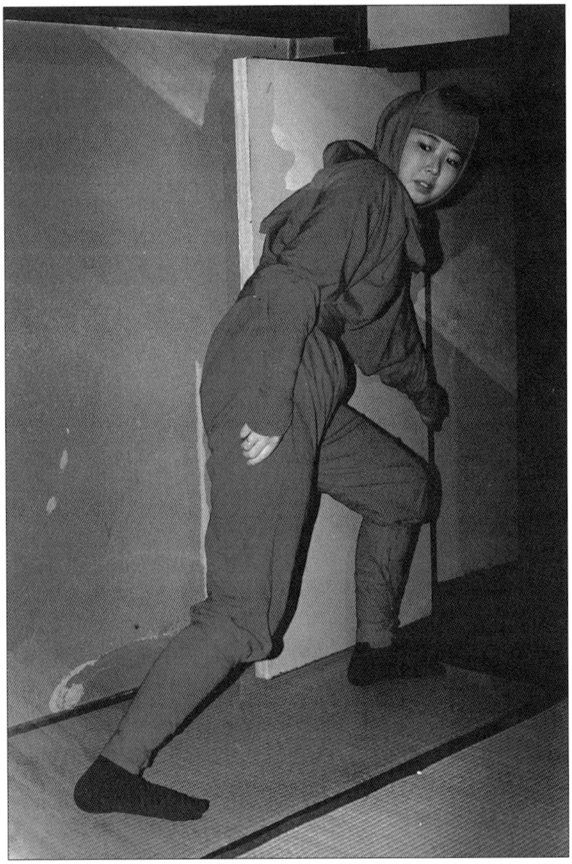

**Das Ninja-Mädchen im Ninja-Haus in Iga Ueno demonstriert die Funktionsweise einer Drehtür.**

Um dem entgegenzuwirken, wurden eine Reihe „geheimer Quellen“ unterhalten. Seit jeher vertrauen Japaner auf die Heilwirkung natürlicher Quellen, so dass das ganze Land mit Badeanstalten mit heißen Quellen überzogen ist. Ein Daimyo verfügte über eigene Quellen tief in den Bergen an Stellen, wo die Ninja ihn nicht finden konnten.

Auch ein Durcheinander auf dem Schlachtfeld konnte eine Gelegenheit sein, um ein Attentat auszuführen. Das Hauptquartier des Daimyo auf dem Schlachtfeld bestand aus einem Bereich, der mit einem als „maku“ bezeichneten Vorhang abgeschirmt und schwer bewacht wurde. Die loyalsten Samurai bildeten einen undurchdringlichen Ring um ihren Herrn, wenn Gefahr drohte. Dennoch finden sich mehrere Beispiele dafür, dass Attentatsversuche unternommen wurden.

Allen Vorkehrungen zum Trotz gab es nur wenige Daimyo, die nicht Ziel irgendeines Attentatsversuches wurden. Sie lebten ihr Leben unbehelligt, stets umgeben von loyalen Leibwächtern, die ihren Herrn unablässig beschützten und zwischen ihn und sich allenfalls einen dünnen Schirm aus Holz und Papier kommen ließen. Matsuura Shigenobu, der Daimyo der Insel Hirado, hatte in seinem Badezimmer stets einen schweren Knüppel griffbereit. Mori Motonari vertrat die Ansicht, ein Daimyo dürfe niemandem vertrauen, erst recht keinem Verwandten - eine weise Einstellung, wie man im Fall von Saito Toshimasa sieht, der früh in seinem Leben vom Buddhistenpriester zum Ölhändler wechselte und selbst zum Daimyo wurde, indem er seinen Adoptivvater umbrachte. Hojo Soun gelangte in den Besitz der späteren Basis der Burg Odawara, indem er den jungen Eigentümer während einer Jagd umbringen ließ. Selbst der mächtige Oda Nobunaga fiel schließlich einem nächtlichen Angriff in seinem Schlafzimmer zum Opfer, doch sein Rivale musste nicht nur einen einzigen, sondern eine kleine Armee von Ninja auf ihn ansetzen, um sein Ziel zu erreichen.

Von Takeda Shingen, der offenbar in seinem Badezimmer über zwei Ausgänge verfügte, ist die Empfehlung überliefert, dass ein Daimyo auch dann, wenn er mit seiner Frau allein war, stets den Dolch griffbereit halten sollte. Ein Ninja namens Hachisuka Tenzo, der von Oda Nobunaga geschickt worden war, hatte einen erfolglosen Anschlag auf Takeda versucht. Tenzo hatte die Flucht antreten müssen und war von Takedas Samurai in den Wald verfolgt worden, wo er sich in den Schatten der Bäume vor dem Lichtschein des Mondes versteckte. Ein Speer, den einer der Verfolger nach ihm warf, erfasste lediglich seine Kleidung, und er entging einer Festnahme nur, indem er sich in einem Erdloch versteckte, das er zuvor schon vorbereitet hatte. Der von Nobunaga ausgewählte Attentäter kann ein Mann aus Iga gewesen sein, da wir wissen, dass einige von ihnen in seinen Diensten standen.

Oda Nobunagas rücksichtslose Art, Krieg zu führen, machte ihn selbst zum Ziel mehrerer Attentatsversuche. Rokkaku Yoshisuke, der miterlebt hatte, wie Nobunaga 1571 in sein Territorium in der Provinz Omi einfiel, verdingte einen Ninja aus Koga namens Sugitani Zenjubo, dessen besondere Spezialität extrem hohe Treffsicherheit mit der Hakenbüchse mit ihrem langen Lauf war. Zenjubo lauerte Nobunaga auf, als der den Chigusa-Pass zwischen den Provinzen Omi und Mino überquerte, und feuerte zweimal auf ihn, vermutlich mit zwei verschiedenen Schusswaffen. Beide Kugeln trafen ihr Ziel, wurden aber von Nobunagas Rüstung und den Schulterpolstern darunter abgefangen. Zenjubo ent-

**Eine weitere Drehtür, diesmal in einem anderen Ninja-Haus in Koga. Auf den ersten Blick wirkt sie wie eine ganz gewöhnliche Schiebetür, wie man sie nahezu in jedem japanischen Haus vorfindet.**

kam in die Berge, wurde jedoch vier Jahre später aufgegriffen und zu Tode gefoltert.

Im Jahre 1573 ereignete sich ein Anschlag auf Nobunagas Leben, ausgeführt von einem gewissen Manabe Rokuro, dem Bediensteten eines Vasallen des Daimyo Hatano Hideharu. 1573 vernichtete Oda Nobunaga die Hatano, und Manabe Rokuro erhielt den Auftrag, Vergeltung zu üben. Er versuchte, sich in Nobunagas Burg in Azuchi zu schleichen und ihn im Schlaf in seinem Bett zu töten. Allerdings wurde er entdeckt und von zwei Wachleuten gefangengenommen. Er konnte jedoch Selbstmord begehen, später wurde sein Leichnam auf dem örtlichen Marktplatz zur Schau gestellt, um jeden weiteren potentiellen Attentäter einzuschüchtern.

Dem nahezu legendären Ninja Ishikawa Goemon schreibt man ebenfalls einen Anschlag auf Nobunaga zu. Er versteckte sich in der Decke über dem Bett des Opfers und versuchte, an einem Faden entlang Gift in Nobunagas Mund zu träufeln. Der bemerkenswerteste Attentatsversuch auf Nobunaga ist jedoch im Iranki festgehalten. Drei Ninja zielten je mit einer großkalibrigen Feuerwaffe auf Nobunaga, als der in der Provinz Iga die Ruinen inspizierte, die die Folge seiner Invasion gewesen waren. Die Schüsse verfehlten ihr Ziel, töteten aber sieben Begleiter Nobunagas.

Zu anderen fehlgeschlagenen Attentatsversuchen gehört der Fall, in dem Tokugawa Ieyasu einen Ninja namens Kirigakure Saizo entsendet, um seinen Rivalen Toyotomi toten zu lassen. Saizo versteckte sich unter dem Boden von Hideyoshis Haus, doch es ge-

**Das Ninja-Mädchen im Ninja-Haus in Iga Ueno demonstriert, wie man durch eine niedrige Falltür in den Garten gelangen kann.**

lang einer Wache, ihm den Arm zu durchstechen, als der Mann wahllos seinen Speer in den Boden jagte. Ein anderer Ninja, der vermutlich in Hideyoshis Dienst stand, „räucherte" ihn dann mittels eines primitiven Flammenwerfers aus.

## Wer tötete Kenshin?

Die berühmteste Geschichte über ein Ninja-Attentat erzählt, wie Uesugi Kenshin auf der Toilette ermordet wurde. Ein Ninja hatte sich in der Sickergrube versteckt und Kenshin im entscheidenden Moment einen Speer oder ein Schwert in den Anus gejagt. Kenshin starb wenige Tage darauf, und es wurde weithin vermutet, dass Oda Nobunaga den Attentäter auf ihn angesetzt hatte. Die anschließenden Monate erwiesen sich für Nobunaga als äußerst nützlich, da Kenshins Neffe und der adoptierte Erbe um die Nachfolge kämpften und die Uesugi über alle Maßen schwächten.

Die genauen Umstände von Kenshins Tod sind recht präzise festgehalten und widersprechen nicht der Ninja-Theorie, da es heißt, dass sich ein Zwischenfall - möglicherweise ein Herzanfall - ereignete, als er sich auf der Toilette befand. Im Kenshin Gunki heißt es: „Am neunten Tag des dritten Monats wurde er auf der Toilette von Magenschmerzen befallen. Die hielten unglücklicherweise an bis zum 13. Tag, an dem er starb."

Der deutlichste Hinweis, der gegen einen Tod durch alles andere als natürliche Ursachen spricht, findet sich in den Berichten über die Monate vor Kenshins Tod, als er ein Gedicht verfasste, in dem er die Vermutung äußerte, sein Leben nähere sich dem Ende. Mit anderen Worten: In den Tagen, die dem katastrophalen Zwischenfall auf der Toilette vorausgingen, erwartete er bereits den Tod, so dass es ihn nicht überraschte, als der dann auch eintrat. Kenshin war auch ein sehr trinkfreudiger Mensch, der sich irgendwann im neunten Monat des Jahres 1577 mit einigen seiner engsten Gefolgsleute zusammensetzte, denen Naoe Kanetsugu später seine Angst um den Gesundheitszustand ihres Daimyo anvertraute. Naoe hatte festgestellt, dass Kenshins Gesundheit sich von Tag zu Tag verschlechterte. Was stimmte nicht mit ihm? Einen wichtigen Hinweis darauf findet man in einem anderen Tagebuch, in dem es heißt, dass Uesugi Kenshin mitten im Winter rapide abnahm und in der Brust einen Schmerz fühlte, der „wie eine Eisenkugel" war. Nach dem Essen übergab er sich oft, und schon bald konnte er nur noch kaltes Wasser zu sich nehmen. Alle Symptome deuten auf Magenkrebs oder Speiseröhrenkrebs hin, wobei die „Eisenkugel" den Tumor selbst darstellen mochte. Magenkrebs ist noch heute in Japan weit verbreitet und wird auch mit starkem Alkoholgenuss in Zusammenhang gebracht. Das Wissen um seine Erkrankung wird natürlich geheimgehalten worden sein, erst recht vor Nobunaga. Wenn also ein Ninja auf den Weg geschickt worden war, dann ohne Wissen, dass das Opfer ohnehin nur noch wenige Monate oder Wochen zu leben hatte. Kenshins engste Gefolgsleute wussten von seinem Magentumor, so dass eine plötzliche Verschlechterung von ihnen durchaus für möglich gehalten werden musste. Wenn dem so war, dann könnte Nobunagas Ninja durchaus unwissentlich das perfekte Verbrechen begangen haben.

**Eine schmale Leiter und darunter eine Falltür im Ninja-Haus in Koga.**

## Ein Attentatsversuch

Es wurde bereits das Haus Nijo jinya in Kyoto erwähnt, das etliche Schutzmaßnahmen gegen Angriffe durch Ninja aufweist. Wollen wir einmal einen hypothetischen Anschlag auf das Leben seines Eigentümers Ogawa Nagatsuka durchspielen.

Eine Gruppe von drei Ninja ist als Team losgeschickt worden, um ihn zu töten. Selbst wenn nur einer von ihnen überlebt, um den tödlichen Treffer zu landen, ist die Aufgabe erfolgreich erledigt worden. Ogawa sitzt in diesem Augenblick im „o-zashiki", dem Hauptraum des Hauses, und unterhält sich mit einem vertrauenswürdigen Ninja, den Ogawa als Yamabushi losgeschickt hatte, um einen Rivalen auszuspionieren. Wie erwartet war er an der vorderen Terrasse eingetroffen, zog seine Schuhe aus und ließ sich von einem Wachmann durch den Korridor eskortieren. Der Tradition entsprechend hat er sein Schwert in ein Regal am Eingang zum „o-zashiki" gestellt. Ogawa vermutet jedoch, dass der Mann ein Doppelagent sein könnte, und das bestätigt sich auch, als dieser den sie trennenden flachen Tisch zur Seite tritt und mit einem verborgenen Dolch nach Ogawa schlägt. Ogawa ist vorbereitet. Er verschaffte sich scheinbar Kühlung mit einem ganz normalen Fächer. Doch dieser Fächer weist Eisenstangen auf, die genügen, damit er den Hieb lange genug abwehren kann, so dass der Attentäter aus einer anderen Richtung attackiert werden kann. Über der Stelle, an der der Ninja sich befindet, gibt es ein Oberlicht in der Decke, das wie ein gewöhnliches Fenster aussieht. Er weiß jedoch nicht, dass sich dort ein geheimer Raum befindet, in dem sich Ogawas Leibwache aufhält und alles beobachtet und belauscht. Fast im gleichen Moment, in dem der Attentäter seinen ersten Zug macht, lässt sich der Wachmann auf seinen Rücken fallen.

Dies gibt Ogawa die Möglichkeit, das Schwert hervorzuholen, das in einem Geheimfach gleich neben ihm versteckt war. Sein Leibwächter hat sich des Angreifers angenommen, der nun tot vor ihm liegt. Ogawa weiß aber, dass wahrscheinlich weitere Attentäter ihm auflauern. Er schiebt die Tür zur Seite und tritt in den schmalen Flur. Er kann das Geräusch des Nachtigallen-Bodens hören, da jemand von der Vordertür in seine Richtung gelaufen kommt. Wer immer es ist, er hat sich nicht bemerkbar gemacht, so dass angenommen werden muss, dass es sich nicht um einen von Ogawas Leuten handelt. Ogawa geht kein Risiko ein. An der Stelle, an der der Korridor einen Knick macht, befindet sich anscheinend ein blinder Punkt. Doch das kunstvoll gearbeitete Holz weist in Wahrheit eine Treppe auf, die in einen versteckten Raum darüber führt. Ogawa zwängt sich hinein, und das keinen Augenblick zu früh, denn zwei Ninja kommen durch den Korridor geeilt. Sie stürmen an seinem Versteck vorüber und erreichen das Ende des Flurs, von wo aus man in Ogawas Badezimmer gelangt. An der Wand daneben befindet sich ein Regal, von dem die Ninja nicht wissen, dass es sich in Wahrheit um eine verborgene Treppe handelt, die ohne großen Aufwand herabgelassen und wieder nach oben gezogen werden kann. Ogawa hätte sie benutzen können, hät-

**Die oberen Fenster im Nijo jinya in Kyoto. Die Verglasung ist eine moderne Ergänzung.**

**Hof und Eingang des Nijo jinya. Leider ist es nicht gestattet, im Inneren des faszinierenden Gebäudes Fotos zu machen.**

te er sich nicht zuvor der anderen Vorrichtung bedient.

Die Wache befindet sich nun hinter den beiden Ninja. Einer von ihnen geht ins Badezimmer, um nach Ogawa zu suchen. Der andere dreht sich um und schlägt nach dem Wachmann, doch sein Schwert verfängt sich in einem niedrigen Balken. Das gibt dem Wachmann Gelegenheit, sich mit einem Satz in das kleine Teezimmer zu retten, während ein Shuriken über seine Schulter hinwegfliegt. Er springt in einen Schrank, auf den der Ninja mit seinem Schwert wie wild einschlägt, bis er feststellen muss, dass es eine Hintertür gibt, durch die der Wachmann in den Nebenraum und von dort in den Garten entkommen ist. Dort sind genügend Waffen versteckt, und die schmuckvollen Steine könnten ebenfalls als Waffen eingesetzt werden. Doch für den Moment wird ein Schwertkampf bis zum Tod die Szene beherrschen.

Der andere Ninja, der von Ogawa keine Spur entdecken konnte, ist durch den Flur zurückgeeilt und stürmt die fest installierte Treppe in den ersten Stock hinauf. Ogawas Wache hat jedoch noch vor der Ankunft des Gastes Vorkehrungen getroffen und zwei Bodenbretter als Knöchelbrecher herausgenommen. In der Dunkelheit tritt der Ninja in das erste dieser Löcher und ist einen Augenblick lang unachtsam. Ogawas Mann macht einen Satz auf ihn zu, und auch wenn das Ergebnis nur eine kleine Fleischwunde ist, stürzt der Ninja auf der nach nirgendwohin führenden Treppe zurück in den Raum darunter.

Sein Gefährte hat unterdessen aber den anderen Wachmann im Garten getötet, und als er ins Haus zurückkehrt, ist ihm klar, was es mit dem Regal tatsächlich auf sich hat. Er holt mit dem Schwert aus, und als die Treppe nach unten ausgefahren wird, stürmt er hinauf. Damit befindet er sich in einem Raum, der unmittelbar neben dem liegt, in den sich Ogawa als erstes zurückgezogen hatte. Doch der hat längst dieses erste Versteck verlassen und ist über eine einfahrbare Strickleiter ins oberste Stockwerk gelangt. In der Dunkelheit macht die Decke einen massiven Eindruck. Der Ninja hört aus dem Korridor ein Geräusch und läuft dorthin, wo sein Gefährte auf der Treppe nach unten verschwunden ist. Ihm wird klar, dass sein Gefährte tot ist, als zwei Wachleute auf der Treppe nach oben stürmen. Er läuft zurück in den Raum, über dem sich Ogawa nun versteckt hält. Der Ninja holt mit seinem Schwert nach dem vergitterten Fenster aus und zertrümmert es. Er springt hindurch und landet im Hof außerhalb des Gebäudes. Er kann auf keinen Gefährten zurückgreifen, der ihm helfen könnte, die Mauer zu bezwingen, also entfernt er die Halteschnüre von seinem Schwert, lehnt es gegen die Wand und benutzt das Stichblatt als Stufe. Das Letzte, was Ogawas Wachen von dem Mann sehen, ist sein Schwert, das hinter ihm her über die Mauer gezogen wird. Ihr Meister ist sicher, zwei Ninja sind tot. Für sie war es eine erfolgreiche Nacht.

## Ninja im Krieg

Für einen Ninja war die Unterscheidung zwischen Einsätzen in Friedens- und in Kriegszeiten eher schwammig. Begab sich jedoch ein Daimyo auf einen wichtigen militärischen Feldzug, dann konnte die Rolle eines Ninja massiv an Bedeutung gewinnen. Ninja konnten vor einem Angriff zum Sammeln von Informationen eingesetzt werden, oder sie sorgten auf dem Schlachtfeld in den Reihen des Feindes für Verwirrung. Ninja waren auch sehr nützlich, wenn es um längerfristige Belagerungen ging, da sie als Spion, Brandstifter oder Attentäter ebenso wie in anderen Funktionen eingesetzt werden konnten. Alle nachfolgenden Beispiele stammen aus authentischen und zuverlässigen historischen Aufzeichnungen.

## Ninja in Sawayama, 1558

Das erste Beispiel betrifft die Familie Rokkaku aus der Provinz Omi. Ein Mitglied dieser Familie, Rokkaku Takayori, fand hier bereits Erwähnung, da der Shogun Yoshihisa 1487 Ninja gegen ihn einsetzte. Etwa um 1558 führte sein Enkel Rokkaku Yoshikata einen Feldzug gegen einen verräterischen Gefolgsmann namens Dodo, der sich in der Burg Sawayama verschanzte, die in der Nähe der heutigen Stadt Hikone lag. Trotz einer Belagerung, die sich über viele Tage erstreckte, konnte Yoshikata ihn nicht zur Kapitulation zwingen, so dass er beschloss, einen Ninja namens Tateoka Doshun aus Iga einzusetzen.

Doshun muss im Rang eines Chunin gestanden haben, da er eine Gruppe von 48 Ninja anführte, von denen 44 aus Iga und die übrigen vier aus Koga stammten. Er schlug vor, eine Ninja-Technik namens „bakemono-jutsu“ (Geist-Technik) anzuwenden, die einen sehr dramatischen Titel trug, bei der es sich in Wahrheit aber um eine unglaublich einfache Operation handelte. Doshun stahl eine der Papierlaternen, die Dodos Familien- „mon“ (Wappen) trug. Eine Reihe von Nachbildungen wurde angefertigt, mit denen Doshun und seine Männer in aller Seelenruhe vor das Haupttor marschierten! Nachdem sie eingelassen worden waren, stekkten sie die Burg in Brand. Diese Operation lief so geheim ab, dass Dodos Garnison zu dem Schluss kam, die Verräter seien aus den eigenen Reihen hervorgetreten. Trotz aller heldenhafter Anstrengungen, die Flammen zu löschen, begann sich die Panik ebenso schnell auszubreiten wie das Feuer. Das war für Rokkaku Yoshikata der Zeitpunkt, um seine Hauptarmee vorstoßen und einen siegreichen Schlag führen zu lassen.

**Diese Statue in Yagyu (Präfektur Nara) stellt Yagyu Muneyoshi dar, von dem allgemein angenommen wird, dass er ein Ninja war.**

## Ninja in Maibara, 1561

Das nächste Beispiel von 1561 verdeutlicht sehr gut die Söldner-Natur der Ninja: Erstens weigern sie sich, zu anderen als den von ihnen gestellten Bedingungen in Aktion zu treten. Zweitens sehen wir, dass ein gewisser Kizawa Nagamasa Ninja aus Iga gegen eben jenen Rokkaku Yoshikata einsetzt, der sich noch 1558 selbst ihre Dienste gesichert hatte! 1561 versuchte Kizawa Nagamasa, die Burg Maibara (damals noch Futo genannt) östlich des Biwa-Sees wieder einzunehmen, die kurz zuvor an die Familie der Rokkaku gefallen war. Nagasama übertrug die Ausführung zwei erfahrenen Kommandanten namens Imai Kenroku und Isono Tamba-no-kami. Die wiederum sicherten sich die Unterstützung von drei Genin aus Iga, um als Auftakt zu einem konventionelleren Angriff eine nächtliche Attacke in die Wege zu leiten. Im Shima kiroku heißt es: „Die Iga shu drangen heimlich in die Burg ein und legten Brände. Auf dieses Signal hin wurden die Feste und eine zweite Burgmauer erobert.“ Und im Asai Sandaiki können wir lesen: „Wir setzten shinobi-no-mono aus Iga ein ... Sie hatten den Auftrag, die Burg in Brand zu setzen.“

**Rechts: Prinz Yamato. Sein Geschick als Attentäter macht ihm zum geistigen Vater der japanischen Ninja.**

**Unten: Ein Attentat wird durch eine Schiebetür hindurch verübt.**

So liest sich die auf das Mindeste reduzierte Vorgehensweise, aber es lief nicht alles nach Plan. In der Nacht des ersten Tages des siebten Monats hatten die Ninja aus Iga ihre Position eingenommen, und die regulären Streitkräfte hatten den Vormarsch begonnen. Imai Kenroku, der auf einem Hügel in der Nähe lagerte, erkannte jedoch bald, dass die Ninja nicht in Aktion getreten waren. Als er sich über ihr Zögern beklagte, erhielt er die Antwort, ein Samurai aus dem Norden des Biwa-Sees könne unmöglich Ninja-Taktiken begreifen. Er müsse auf den geeigneten Augenblick warten. Doch die reguläre Armee hatte sich bereits in Bewegung gesetzt. Die Brandstiftung war noch immer nicht vorgenommen worden, und die Ninja machten mit ihrer Weigerung, den Angriff zu starten, in wahrer Söldnermanier deutlich, dass sie alle wieder unverrichteter Dinge nach Hause zurückkehren würden, wenn es ihnen nicht erlaubt würde, auf ihre Art Krieg zu führen. Der Ninja-Anführer schlug vor, Imai Kenroku solle seine Streitkräfte neu formieren. Wenn er sich für eine Stunde zurückzog, dann würden die Ninja die Burg überfallen. Das Signal zum Vormarsch würden Flammen aus dem Inneren der Burg sein.

Imai Kenroku erklärte sich damit einverstanden, doch die Folgen waren nahezu verheerend. Seine Armee traf auf die Front seines Kameraden Isono Tamba-no-kami, der von dem Manöver nicht in Kenntnis gesetzt zu sein schien. Die Samurai letzterer Armee kamen zu dem Schluss, dass es von der Burg aus einen Angriff im Morgengrauen gegeben haben musste. Ein Reiter namens Kishizawa Yoichi in der vordersten Reihe trat in Aktion - in dem Bemühen, als erster in die Schlacht zu ziehen. Direkt vor sich machte er auch den „feindlichen" Kommandanten aus, also galoppierte er los. Der unglückselige Imai Kenroku, der verzweifelt versuchte, den nächtlichen Marsch seiner Armee in den Griff zu bekommen, wurde von Yoichis Speer in den Rücken getroffen. Er war in keiner Weise auf einen Angriff vorbereitet gewesen, da er hinter sich nur freundlich gesonnene Truppen wusste. Die Attacke war für Imai ein solcher Schock, dass er tot vom Pferd fiel, ohne die geringste Gegenwehr geleistet zu haben. Die beiden Armeen begannen, gegeneinander zu kämpfen, und zwanzig Mann kamen ums Leben, ehe wieder Ordnung hergestellt werden konnte. In der Zwischenzeit hatten die Ninja in der Burg Feuer gelegt, die beiden alliierten Streitkräfte rauften sich zusammen und griffen an. Futo fiel am Ende, doch der Preis dafür war recht hoch ausgefallen.

## Ninja in Udono, 1562

Das folgende Beispiel lässt Ninja in einem viel besseren Licht dastehen. Die komplizierte Vorgeschichte gestaltet sich derart: Als Imagawa Yoshimoto 1560 in der Schlacht von Okehazama getötet wurde, wandten sich seine Anhänger von der Sache seiner zum Untergang verurteilten Familie ab und stellten sich hinter den siegreichen Oda Nobunaga. Der zukünftige Shogun Tokugawa Ieyasu wollte die Seiten wechseln, doch Imagawa Yoshimoto hatte einen Sohn, Ujizane, der einige von Ieyasus Familienmitgliedern als Geiseln genommen hatte, darunter dessen Frau und Sohn, denen man zweifellos die Kehle aufschlitzen würde, wenn es auch nur den leisesten Hinweis auf einen veränderten Gehorsam gab. Ieyasus Problem wurde durch einen dramatischen Schlag im Jahr 1562 gelöst.

Der westliche Außenposten der Imagawa war eine Burg namens Kaminojo, die für sie von einem gewissen Udono Nagamochi gehalten wurde. Diese Burg sollte für die Oda eine nützliche Beute sein, und wenn Ieyasu es schaffte, sie rasch für Nobunaga einzunehmen, konnten alle Geiseln, die in Kaminojo gemacht werden sollten, gegen Ieyasus eigene Familie ausgetauscht werden. Das musste natürlich sehr schnell erledigt werden, bevor sich die Nachricht herumsprach und Imagawa sie töten konnte. Die Quelle für diese Aktion, das Mikawa Go Fudoki, erzählt die Geschichte weiter:

> *Mitsuhara Sanza'emon sagte: „Da diese Burg auf einer bemerkenswerten Klippe errichtet ist, werden wir jeden unserer Verbündeten zu großen Verlusten verdammen. Doch glücklicherweise befinden sich unter den Gohatamoto einige Männer, die mit den Koga-shu der Provinz verbunden sind. Ruft die Koga-shu über ihre Landsleute herbei, dann können sie sich in die Burg schleichen."*

Der Anführer der Männer aus Koga war ein gewisser Tomo Sukesada. Er holte über 80 Ninja in seinen Dienst:

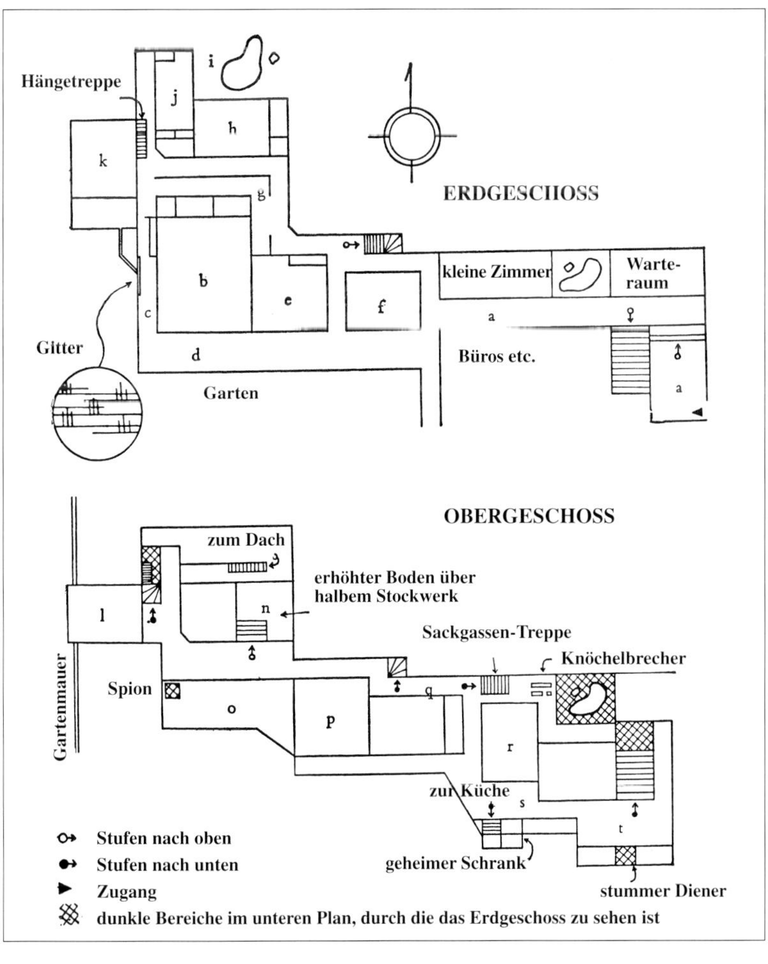


**Plan des Nijo jinya in Kyoto.**
**Er ist so gegliedert, dass der Leser den Verlauf des im Text beschriebenen hypothetischen Attentatsversuchs nachvollziehen kann. (a) der Eingang von der Straße her (s. Foto S. 104); (b) o-zashiki, der 15-Tatami-Matten-Empfangsraum; (c) und (d) der Korridor; (e) 8-Matten-Raum, (g) Korridor, der zum verborgenen Raum ein halbes Stockwerk höher führt; (h) 6-Matten-Raum mit Blick auf den Garten; (i) Garten mit zahlreichen Objekten, die als Waffen dienen können; (j) kleines Teezimmer, der Schrank hat eine Geheimtür; (k) das Badezimmer des Daimyo: davor im Korridor befindet sich eine Treppe, die wie ein Regal aussieht, die aber abgesenkt werden kann; (l) oberer Raum, der im Notfall eine Flucht ermöglicht (s. Foto der Außenansicht der Fenster auf S. 103); (m) verborgenes Zimmer; (n) Teezimmer auf erhöhtem Boden über verborgenem Raum; (o) verborgener Wachraum oberhalb des Empfangsraums; (p) 8-Matten-Raum; (q) schmaler Absatz mit niedriger Decke, um den Schwertkampf einzuschränken, und mit knöchelbrechenden, freigelegten Balken; (r) kleines Teezimmer; (s) dunkler Flur mit moderner Treppe im vorderen Bereich; (t) moderner Flur.**
**(Nachdruck des Plans aus Kyoto: A Contemplative Guide von G. Mosher, mit freundlicher Erlaubnis von Tuttle and Co.)**

*Diese Gruppe erhielt die Anweisung, sich an mehreren Stellen zu verstecken. In der Nacht auf den fünfzehnten Tag des dritten Monats schlichen sie sich ins Innere der Burg. Kurz darauf legten sie in den Türmen der Festung Feuer.*

Sie führten also einen klassischen Ninja-Überfall durch, der sich in aller Heimlichkeit in der Nacht abspielte. Die Schilderung im Mikawa Go Fudoki verleiht dem Ganzen allerdings noch eine Reihe interessanter Details. Zunächst einmal verursachten die Angreifer so wenig Lärm wie möglich, während die Männer töteten, so dass bei den Verteidigern der Eindruck entstand, es handele sich um Verräter in den eigenen Reihen. Die Ninja waren zudem so gekleidet wie die Verteidiger, was die Verwirrung nur noch steigerte. Und als sie sich verteilten und untereinander kommunizierten, wobei sie ein Passwort benutzten ...:

**Modell eines Ninja, der ein Seil hinaufklettert, im Iga Ueno Ninja Museum**

*... wurde die Garnison vernichtend geschlagen, so dass die Männer die Flucht antraten. Der Hüter der Burg, Nagamochi, floh neben die Gebetshalle an der Nordseite der Burg, wo er von Tomo Sukesada aufgespürt wurde, der ihn mit seinem Speer durchbohrte und ihm den Kopf abtrennte, als er im Staub danieder lag. Seine Söhne Fujitaro Nagateru und Katsusaburo Nagatada wurden von Tomo Suketsuna lebend gefangen.*

Zweihundert Mann der Udono-Garnison verbrannten in der anschließenden Feuersbrunst, doch das war für Ieyasu nicht so wichtig wie die unschätzbar wertvolle Beute in Gestalt der Söhne von Udono. Nach dem Kampf schickte Ieyasu ein „kanshajo" (Empfehlungsschreiben) an Tomo Sukesada, in dem er dessen Dienst lobte, den der bei Kaminojo geleistet hatte. Dieses Schreiben ist im Archiv der Iwane, einer wichtigen Familie aus Koga, erhalten geblieben:

*Dies betrifft die Zeit, als Udono Fujitaro Nagateru geschlagen wurde. Solchem Ruhm ist in jüngster Zeit nichts gleichgekommen. Seit jener Zeit bin ich mit verschiedenen Dingen beschäftigt gewesen und habe seit einigen Jahren das Schreiben vernachlässigt. (Ich wünsche Euch) gute Gesundheit und habe die Ehre, Euch zu gratulieren. Ich habe mir mit großem Vergnügen die Einzelheiten der Angelegenheit angehört, die mir von meinen Gefolgsleuten Matsui Sakon Tadatsugu und Sakai Masachika berichtet wurden.*

Als der einzige Kanshajo in der Geschichte, der an einen Ninja geschrieben wurde, stellt der Brief einen einzigartigen Beweis für den Stellenwert dar, den die speziellen Fähigkeiten der Ninja für Ieyasu hatten. Doch die Angelegenheit mit den beiden Söhnen von Udono war noch nicht erledigt. Im Rahmen der Vereinbarungen über das Schicksal der Geiseln war Ieyasu bereit, Imagawa Ujizane das zu belassen, was von der Burg Kaminojo noch übrig war. Nach den Reparaturen setzte Ujizane die Udono-Brüder als deren Verteidiger ein. Nachdem sie bereits einmal von Ieyasu besiegt worden waren, begannen die beiden eine recht unkluge Politik, nach außen hin die Überfälle der buddhistischen Fanatiker der Ikko-Sekte auf die Provinz Mikawa gutzuheißen. Diese Überfälle erzürnten einen gewissen Matsudaira Kiyoyoshi, dessen Verwandte man als Geiseln genommen hatte, die aber nicht Teil der Vereinbarungen nach dem Fall von Kaminojo gewesen waren. In der Folge hatte man sie getötet, indem man sie pfählte. Also rächte sich Kiyoyoshi, indem er eine heftige Attacke gegen die Burg Kaminojo startete:

> *Wie nicht anders zu erwarten, verteidigten sich die Udono-Brüder mit allen Mitteln, und die Angreifer wurden auf das Heftigste attackiert, bis viele von ihnen tot oder schwer verwundet worden waren. Als der Fürst davon erfuhr, dass seine Streitmacht im Begriff war, eine Niederlage zu erleiden, machte er sich in großer Eile auf den Weg, stellte seine Armee im Lager von Natoriyama auf und entsandte Männer aus Koga, die die Burg angriffen. Die machten sich einen unbewachten Punkt zunutze und sorgten in der Burg so für Verwirrung, wie Ieyasu es ihnen aufgetragen hatte. Die Udono-Brüder wussten schließlich keinen Rat mehr, wie sie sich verteidigen sollten. Fujitaro scharte schließlich sieben Samurai um sich, doch als sie alle getötet worden waren, fiel die Burg.*

Das war das Ende der Udono-Brüder, die sich um ihren Platz in der Geschichte verdient machten, da sie die einzigen Samurai waren, die von den gleichen Ninja zweimal besiegt worden waren.

## Ninja in Sekigahara, 1600

Als der zweite Einiger Japans, Toyotomi Hideyoshi, 1598 starb, war sein Sohn Toyotomi Hideyori erst fünf Jahre alt. So begann ein erlesener Zirkel eifersüchtiger Daimyo untereinander zu intrigieren, da jeder von ihnen der Beschützer des jungen Hideyori sein wollte. Tokugawa Ieyasu spielte einen Rivalen gegen den anderen aus, bis alle Daimyo in zwei Lager gespalten waren. Gelöst wurde diese Situation im Sommer 1600 mit dem alles umwälzenden Kampf von Sekigahara, der größten Schlacht, die jemals auf japanischem Boden ausgetragen wurde. Die Ninja von Iga und Koga, die nun die Gefolgsleute der Tokugawa waren, trugen ihren Teil zu dem Feldzug bei.

Die ersten Züge im Kampf von Sekigahara bestanden aus einer Fülle von Angriffen auf Burgen und deren Belagerung, darunter auch die Burg Fushimi im Südosten von Kyoto. Sie wurde für Ieyasus „Östliche Armee“ von der Familie Torii gehalten, die die „Westliche Armee“ so lange zurückhielt, wie es ihr möglich war, und so Ieyasus Streitkräften Zeit gab, von Osten kommend in Position zu gehen. Die Torii erhielten Unterstützung bei ihrem Bemühen durch mehrere hundert Krieger aus Koga, von denen sich einige in der Burg befanden, während andere den Belagerern von außen zu schaffen machten. Rund hundert von ihnen kamen in den Kämpfen ums Leben, und nachdem der Sekigahara-Feldzug erfolgreich zu Ende geführt worden war, hielt Ieyasu für ihre Seelen einen Gedenkgottesdienst ab.

Die eigentliche Schlacht von Sekigahara begann im Morgengrauen eines nebligen Herbsttages und wurde die meiste Zeit des Tages an einer schmalen Front zwischen den Bergen ausgetragen. Es gibt nur einen Bericht über verdeckte Operationen bei Sekigahara, die aber etwas Einzigartiges hatten und die vom Shimazu-Clan aus Satsuma gegen die Tokugawa ausgeführt wurden. Die Shimazu schienen eine außerge-

**Weibliche Ninja des Iga Ueno Ninja House posieren für die Kamera.**

wöhnliche Artillerietaktik entwickelt zu haben, bei der Scharfschützen absichtlich zurückgelassen wurden, um als „menschliche Sprengfallen" zu agieren, während sich die Armee zurückzog.

Gegen Ende der Kämpfe waren die Satsuma-Samurai gezwungen, sich vor dem rasenden Ansturm der „Roten Teufel" von Ii Naomasa zurückzuziehen, der alle seine Gefolgsleute in leuchtend rot lackierte Rüstungen steckte. Die Ii-Samurai rückten vor und näherten sich den Stellen, an denen eine Reihe von „menschlichen Sprengfallen" lauerten. Einer von ihnen machte Ii Naomasa aus, der sich ihm näherte, und feuerte eine Kugel auf ihn ab. Die durchschlug den Leib seines Pferdes und zerschmetterte Naomasas rechten Ellbogen. Mann und Pferd brachen zusammen, und Naomasa musste von Schlachtfeld getragen werden.

Dies ist eine interessante Bereicherung für die Geschichte, denn ein Ninja in seinen eigenen Diensten leistete dem verwundeten Ii Naomasa Erste Hilfe. Dieser Ninja war Miura Yo'emon, der Joshin (oberste Vasall) von Ii und ein Mann aus Iga, den Ieyasu 1583 mit Ii Naomasa bekannt gemacht hatte. Nachdem Naomasa angeschossen worden war, ließ Yo'emon ihn eine schwarze Medizin trinken, die die Blutung stoppen sollte. Das Quartier der Miura in Hikone kennt man noch heute unter dem Namen Iga-machi.

## Ninja in Osaka, 1615

Der Sieg von Sekigahara war so gut wie alles entscheidend. Tokugawa Ieyasu wurde 1603 zum Shogun ernannt, und er regierte von der Burg Edo, wo seine Männer aus Iga und Koga für die Sicherheit sorgten. Zu den Aufgaben der Männer aus Iga gehörte es, die innersten Bereiche des Palastes zu bewachen, die als „O-oku" bekannt waren. Hier befanden sich die Quartiere der Konkubinen des Shogun. Die Gruppe aus Koga, die nur halb so stark war wie die der Kameraden aus Iga, bewachte das große äußere Tor des Burg, „Ote mon" genannt.

1614 traten die Ninja wieder auf dem Schlachtfeld in Erscheinung, als der inzwischen erwachsene Toyotomo Hideyori in der gewaltigen Festung seines Vaters in Osaka Zehntausende unzufriedene Samurai versammelte, die alle unter der Machtergreifung durch die Tokugawa litten. Diese Herausforderung war zu groß, als dass Ieyasu sie hätte ignorieren können. Im Winter 1614 belagerte er die Mauer rund um Osaka, die sich über eine Länge von rund zwanzig Kilometern erstreckte. Die Tokugawa setzten die Ninja aus Iga und Koga unter der Führung von Hattori Masanari beziehungsweise Yamaoka Kagetsuge ein. Einer der führenden Kommandanten bei der Belagerung von Osaka war Ii Naotaka, der die Gebiete seines Vaters und dessen Samurai-Armee in roten Rüstungen geerbt hatte. Daher überrascht es nicht, dass der Name Miura Yo'emon in der Liste der Männer auftaucht, die in seinem Dienst standen. Miura begab sich in die Nabari-Region in Iga, um Ninja zu rekrutieren, die bei dieser Belagerung zum Einsatz kommen sollten. Die kämpften innerhalb der Armee mit, führten aber auch individuell zugeteilte Operationen aus.

Die Osaka-Garnison hatte die äußere Verteidigungslinie dadurch verstärkt, dass sie im Graben ein als „Sanada-maru" bezeichnetes Vorwerk errichtete. Am vierten Tag des zwölften Monats führte Ii Naota-

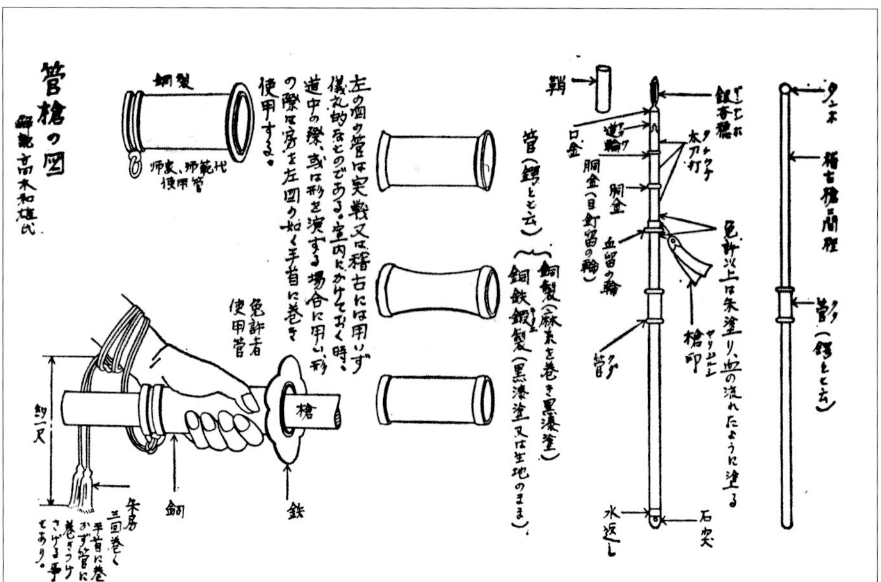


Ein ausfahrbarer Speer, eine Waffe, die nicht nur von Ninja benutzt wurde. Das Opfer befand sich in dem Glauben, der Angreifer führe nur einen kurzen Speer mit sich, und näherte sich ihm zu sehr, um noch schnell genug zurückweichen zu können.

ka einen Angriff an, bei dem der trockene Graben unterhalb des Vorwerks durchquert wurde. Weil dichter Frühnebel herrschte, fiel es den Angreifern schwer, zügig vorzurücken. Als ein Kugelhagel aus der Burg kommend auf sie niederging und immer mehr Opfer forderte, galoppierten Iis Kameraden nach vorn und ordneten den Rückzug an. Wegen des Kampflärms hörte jedoch kaum jemand diesen Befehl.

Miura Yo'emon, der damit beschäftigt war, Pfeile aus den Körpern der Verwundeten zu ziehen, befahl seinen Ninja, in Aktion zu treten - und das auf eine Weise, die ein Verständnis für die Denkweise eines Samurai erkennen ließ. Sie näherten sich den Soldaten im Graben und feuerten nach Belieben auf sie. Ihre Kameraden, die überrascht reagierten, dass sie von hinten mit Pfeilen beschossen wurden, wandten sich ihnen zu und griffen „zu ihrer eigenen Sicherheit“ an, um so die Notwendigkeit für einen echten „Rückzug“ zu vermeiden. Bei einer anderen Gelegenheit drang eine Einheit von zehn Ninja in die Burg ein, um für Unstimmigkeiten zwischen den Kommandanten zu sorgen. Wir wissen, dass zu dieser Zeit einer der Kommandanten tatsächlich Selbstmord beging, daher kann man annehmen, dass Ninja ihre Finger im Spiel hatten.

Die erste Hälfte der Belagerung von Osaka, auch bekannt als der Winter-Feldzug von Osaka, endete mit einem Schein-Friedensvertrag, der zum Abriss der äußersten Verteidigungsanlagen führte. Im Sommer 1615 kehrte Ieyasu zurück und belagerte die nun geschwächte Burg abermals. Die Ninja des Winter-Feldzugs waren ein wenig unzufrieden mit ihrem Lohn nach Iga zurückgekehrt und mussten von Miura erneut herbeigerufen werden - ein Indiz dafür, dass selbst in dieser späten Phase diejenigen, die den Tokugawa nicht direkt dienten, sich noch immer wie Söldner verhielten. Hier stellten sie einen Dienst zur Verfügung, der ähnlich geartet war wie die winterliche Operation, als es einen Zwischenfall im Hauptquartier von General Okayama Kansu-

**Ein Ninja springt von einer Burgmauer. Dieses Foto entstand für das Iga Ueno City Department of Tourism und zeigt das klassische Image des Ninja als akrobatischer Supermann.**

ke gab. So viele Gefolgsleute und Leute aus dem Ort waren in Okayamas Lager geströmt, dass es unmöglich wurde, den Feind zu beobachten, und militärische Operationen massiv eingeengt wurden. Miura setzte seine Ninja-Art der Kontrolle über eine große Menschenmenge ein, indem er wahllos in die Menge feuerte, die sich daraufhin sofort auflöste.

Es gab offenbar zwei oder drei Verwundete in der Einheit von Todo Takatora, der verblüfft war und der den Ninja für sein Handeln sogar lobte. Es überrascht nicht, dass Todo sich mit den Ninja auskannte, war er doch 1581 an der Invasion von Iga beteiligt gewesen, die Nobunaga begonnen hatte, und hatte in der Folge einen Teil von Iga als Lehen erhalten. Auf Tokugawa Ieyasus Empfehlung hin befestigte er sein Territorium, indem er die bis heute erhalten gebliebene Burg Ueno an der Stelle errichtete, an der sich der Tempel befunden hatte, in dem sich die Krieger von Iga während der Iga-Revolte versammelt hatten.

Der „Sommer-Feldzug" von Osaka wurde schließlich durch einen heftig ausgetragenen Kampf bei Tennô-ji im Süden der Burg beigelegt. Die Ninja-Einheit von Ii kämpfte an der Seite regulärer Truppen, und als Beweis für ihren Erfolg findet sich in einer Aufzeichnung folgendes:

*Gegenstand, ein Kopf: Miura Yo'emon*
*In der gleichen Einheit:*
*Gegenstand, zwei Köpfe: Shimotani Sanzo*
*Gegenstand, ein Kopf: Okuda Kasa'emon*
*Gegenstand, ein Kopf: Saga Kita'emon.*

Während sich die Verteidiger in die Burg zurückzogen, fügte Ii Naotaka mit einer Reihe schwerer Kanonen der Feste so schwere Schäden zu, dass die Burg fiel. Toyotomi Hideyori beging Selbstmord, als Osaka rings um ihn in Flammen stand.

## Ninja in Shimabara, 1638

Der Fall der Burg von Osaka bedeutete das Verschwinden der letzten großen Bedrohung für das Shogunat der Tokugawa, das sich für die nächsten zweihundertfünfzig Jahre erheben sollte. Eine schwere bewaffnete Auseinandersetzung, die sich während der Tokugawa-Herrschaft ereignete, spielte sich 1638 bei Shimabara in Kyushu ab, wo Bauernproteste die Dimensionen einer ausgewachsenen Revolte annahmen. Die Shimabara-Rebellion hat immer wieder das Interesse westlicher Historiker auf sich gelenkt, da ihre Motivation zu einem großen Teil offenkundig christlicher Natur war. Das Christentum war 1637 in Japan verboten worden, nachdem es sporadisch zu Verfolgungen gekommen war. Kein Ausländer durfte nach Japan einreisen, keinem Japaner war es erlaubt, das Land zu verlassen. Shimabara stellte somit für verfolgte Christen und rebellische Bauern gleichermaßen einen Anziehungspunkt dar, auch wenn Letztere auch so schon genug litten. Der örtliche Daimyo, Matsukura Shigemasa, war ein grausamer Tyrann, der dazu neigte, diejenigen aus den unteren Schichten, von denen er sich beleidigt fühlte, zu bestrafen, indem er sie in Mäntel aus Stroh steckte und dann dieses Stroh anzünden ließ.

Die Situation spitzte sich zu, als die Aufständischen sich in der verfallenen alten Burg Hara auf der Halbinsel Shimabara verschanzten und allen Versu-

**Nur wenige wissen, dass Japans großartiger Künstler Hokusai in sein umfangreiches Manga (Skizzenbuch) nur eine einzige Zeichnung eines Ninja aufnahm. Dies ist die Zeichnung, die einen Ninja zeigt, wie er im klassischen Ninja-Stil an einem Seil hinaufklettert.**

chen trotzten, sie zu unterwerfen. Schließlich entsandte der Shogun Tokugawa Iemitsu eine umfassende Streitmacht aus Edo, und die Tokugawa-Samurai wurden in eine Welt geworfen, von der sie glaubten, sie sei für immer vergangen. Man ist nicht überrascht, wenn man sieht, dass die Ninja aus Koga in ihre frühere Rolle als Belagerer schlüpften. Die Aufzeichnungen ihrer Aktivitäten, die recht detailliert ausfallen, enthalten einige der besten Schilderungen von Ninja-Aktionen überhaupt. Eine gute Zusammenfassung findet sich in einem Tagebuch, das von einem Nachkommen von Ukai Kan'emon geführt wurd:

> *Erster Monat, sechster Tag. Ihnen wurde aufgetragen, den Grundriss der Burg Hara auszukundschaften. Sie erkundeten die Entfernung vom Verteidigungsgraben bis zum „ni no maru“, die Tiefe des Grabens, den Zustand der Straßen, die Höhe der Mauer und die Form der Schießscharten.*

Die Ergebnisse wurden vom Wachmann Kanematsu Tadanao in einem detaillierten Plan zusammengefasst und nach Edo geschickt und dem Shogun Tokugawa Iemitsu zur Begutachtung vorgelegt. Ein weiterer Bericht über die Kämpfe, das „Amakusa gunki“ - das Tagebuch von Matsudaira Kai-no-kami Kagetsuna -, führt aus:

> *15. Tag. Männer aus der Provinz Omi, die ihr Aussehen getarnt haben, schleichen sich jede Nacht in die Burg und bewegen sich dort völlig ungehindert.*

Das Ukai-Tagebuch beschreibt einen bestimmten Angriff der Männer aus Koga, um die Garnison ihrer Vorräte zu berauben.

> *Erster Monat, 21. Tag.*
> *Der so genannte Angriff auf die Burg Hara war ein Angriff auf die Vorräte, der auf Anordnung des Oberbefehlshabers Matsudaira Nobutsuna erfolgte. Sie fielen vom Kuroda-Lager nahe dem westlichen Strand ein und schafften es, dreizehn Säcke Vorräte an sich zu reißen, auf die der Feind angewiesen ist. In dieser Nacht drangen*

**Ein Attentäter von „Halb-Ninja“-Format beobachtet seine Opfer durch die durchscheinende Shoji-Papierschiebetür, während er im Garten wartet. Es sind Illustrationen dieser Art, die das heutige Bild der Ninja gefördert haben.**

*sie auch in die feindliche Burg vor und gelangten in den Besitz geheimer Passwörter.*

In seiner Schilderung des Raubs der Vorräte im seinem Buch „The Nobility of Failure“ erwähnt Ivan Morris diesen Einsatz der Ninja, fügt aber das sonderbare Detail an, dass sie sich Seile an die Beine gebunden hatten, damit ihre Leichen zurückgeschleppt werden konnten. Das halte ich für eine so unwahrscheinliche Vorgehensweise, dass ich annehmen muss, dass Morris den Ausdruck „Rettungsleine“ falsch übersetzt hat, der in dem Bericht vorkommt.

Der aufregendste Angriff ereignete sich sechs Tage später und ist im Ukai-Tagebuch festgehalten. Der Kommandant der Tokugawa-Streitmacht, Matsudaira Nobutsuna, war sich nicht sicher, in welcher Verfassung sich die feindliche Garnison im Inneren der Burg befand. Er vermutete, dass die Vorräte allmählich zur Neige gingen, also entsandte er die Ninja, damit sie ihm diese Information beschafften. Den Männern aus Koga wurde gesagt, dass nur zwei oder drei von ihnen damit rechnen konnten, lebend zurückzukehren. Freiwillige fanden sich in Mochizuki Yo’emon, Arakawa Shichirobei, Natsume Shika-no-suke, Yamanaka Judaiyu und Tomo Gohei, deren Nachnamen in einer Liste derer auftauchen, die am Angriff auf Kaminojo von 1562 beteiligt waren - ein schönes Beispiel für die Kontinuität in der Ninja-Tradition.

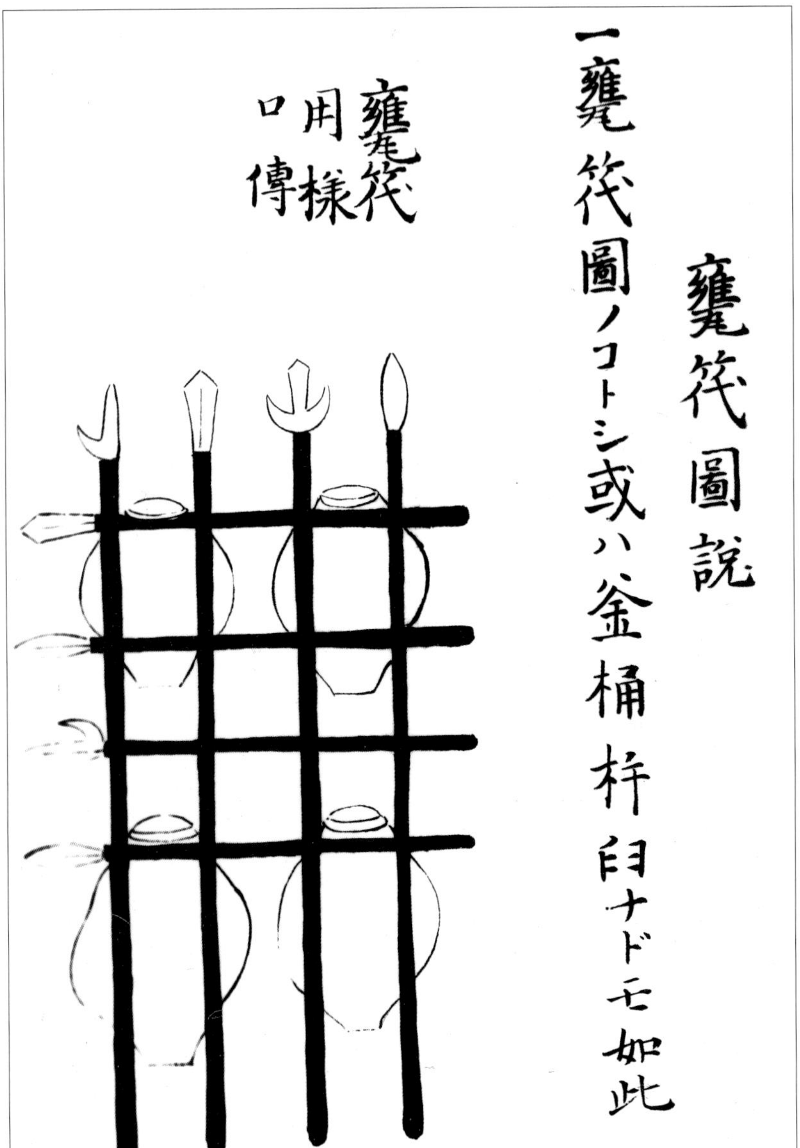


*Erster Monat, 27. Tag.*
*Wir entsandten Spione, die bereit waren, in der Burg Hara zu sterben. Dann griffen wir um Mitternacht vom Hosokawa-Lager aus an. Diejenigen, die den Erkundungsgang machten, eroberten eine feindliche Flagge; sowohl Arakawa Shichirobei als auch Mochizuki Yo’emon trafen auf erbitterten Widerstand und trugen schwere Verletzungen davon, die ihnen vierzig Tage lang Schmerzen bereiteten.*

Für eine sehr lautstarke Ablenkung sorgte die Hakenbüchsenstaffel unter Hosokawa, die eine Salve in den Himmel schoss. Damit wurde zugleich erfolgreich die Absicht verfolgt, die Ninja im Schutz der Dunkelheit angreifen zu lassen. Sobald die Schusswaffen abgefeuert worden waren, löschten die Verteidiger sofort alle Pinienfackeln, die üblicherweise rings um die Burg und in ihrem

**Speere und Krüge ergeben zusammen eine Sprengfalle über einem Loch, wie diese Illustration aus dem Bansen Shukai zeigt. Die Speere wurden mit Gras bedeckt.**

Inneren für Licht sorgten. Die Wachen der Garnison waren natürlich in höchster Alarmbereitschaft, doch die Ninja tarnten sich im Unterholz und warteten, bis die Verteidiger später in der Nacht in ihrer Aufmerksamkeit wieder nachließen.

Als alles ruhig war, bezwangen sie die Burgmauern, indem sie die Gerätschaften einsetzten, die weiter vorne beschrieben wurden. Arakawa und Mochizuki gelangten als erste in die Burg, doch wegen einer untypischen Unachtsamkeit, die zweifellos durch die pechschwarze Nacht gefördert wurde, fiel Arakawa in eine Grube. Als Mochizuki ihn wieder herausgezogen hatte, war bereits der Mond aufgegangen. Beide waren sie so gekleidet wie die Männer der Garnison, und als die Fackeln wieder entzündet wurden, bewegten sie sich mitten zwischen den Feinden. Um ihrem Kommandanten zu zeigen, wie weit sie mit ihrer Mission waren, rissen sie eines der vielen Banner herunter, die überall auf der Burg im Wind flatterten und die das Christuskreuz zeigten, und nahmen es als Andenken mit. Als sie an der Burgmauer herunter kletterten, wurden sie beide mit Kugeln, Pfeilen und Steinen attackiert, die ihnen langwierige Verletzungen zufügten.

Die lang anhaltende, ausdauernde Blockade der Burg machte sich schon bald bezahlt. In den letzten Tagen der Belagerung gingen die Vorräte deutlich zur Neige, wie diese Aufzeichnung aus dem Amakusa gunki zeigt:

| | |
|---|---|
| Weißer Reis | 10 koku |
| Sojabohnen | 3 koku |
| Miso (fermentierte Sojabohnenpaste) | 10 Fässer |

Ein „ koku" war die theoretische Menge, die nötig war, um einen Mann ein Jahr lang zu ernähren. Das lässt erkennen, wie verzweifelt die Lage allmählich wurde, zumal die Garnison sich darauf beschränken musste, die Algen zu essen, die sie bei Ebbe von den Steinen abkratzen konnte.

> *Zweiter Monat, 20. Tag.*
> *Ein letzter Gegenangriff, den der Feind geplant hatte, wurde hartnäckig abgewehrt, doch die feindliche Armee, die sie nun angriff, hatte sich auch nur noch von Algen und Gras ernährt.*
>
> *Zweiter Monat, 24. Tag.*
> *Zunehmend mehr Angriffe wurden ausgeführt, die Ninja aus Koga unter dem direkten Befehl von Matsudaira Nobutsuna nahmen die „ni no maru" und die „san no maru" [-Burgmauern] ein. Bis zum Fall der Burg unterstanden sie dem Kommando von Suzuki Sankuro Shigenari und seiner kleinen, zehn Mann starken Einheit, und von Nakafusa Mino-no-kami, dem Führer des Ninja-„Büros', der vom Shogunat entsandt worden war. Sie hatten die Pflicht, sich mit den Truppen eines jeden Daimyo in Verbindung zu setzen, sobald sie in Aktion traten.*

Der Kommandant der Burg Hara, Amakusa Shiro, unternahm einen Ablenkungsangriff, der zwar von Mut zeugte, aber kaum Wirkung zeigte. Er bestand aus einem ungeordneten Sturm auf die Belagerer und bestätigte den Soldaten von Tokugawa vor allem, dass die Garnison tatsächlich immer verzweifelter wurde. Als der letzte Angriff auf Hara gestartet wurde, erfüllten die Ninja aus Koga zum einen eine Verbindungsfunktion zwischen den verschiedenen Einheiten, die die Burg angriffen, zum anderen beteiligten sie sich auch an den eigentlichen Kämpfen.

Als die Burg Hara fiel, wurden damit die Hoffnungen jener begraben, die die christliche Rebellion angeführt hatten. Es war zugleich das letzte Mal, dass die Ninja in einer Schlacht eingesetzt wurden. Von diesem Zeitpunkt an sollten die Ninja-Operationen eher theoretischer als praktischer Natur sein, während der Mythos umso größer wurde, je weiter er sich von der Wahrheit entfernte.

## Nachwirkungen - Der Ninja-Mythos

Die Tradition, aus den Ninja etwas Überlebensgroßes zu machen, blickt auf eine lange Geschichte zurück. Den ersten Trend in diese Richtung kann man beobachten, wenn Ninja und Ninjutsu mit berühmten Kriegern in Zusammenhang gebracht werden, die historische Persönlichkeiten sind, die aber zu irgendeiner Zeit ihrer Karriere ein mysteriöses oder unbeständiges Leben führten. Die beiden großen Helden Minamoto Yoshitsune (1159-1189) und Kusunoki Masashige (1294-1356) sind diejenigen, deren Namen am häufigsten Erwähnung finden. Es geht sogar soweit, dass ihnen in weit verbreiteten Arbeiten die Gründung zweier voneinander unabhängiger Ninjutsu-Schulen zugeschrieben wird, der Yoshitsune-ryu und der Kusunoki-ryu, obwohl es für diese Behauptungen keinerlei historische Belege gibt. Im Fall von Yoshitsune wird oft sein Gefolgsmann Ise Saburo

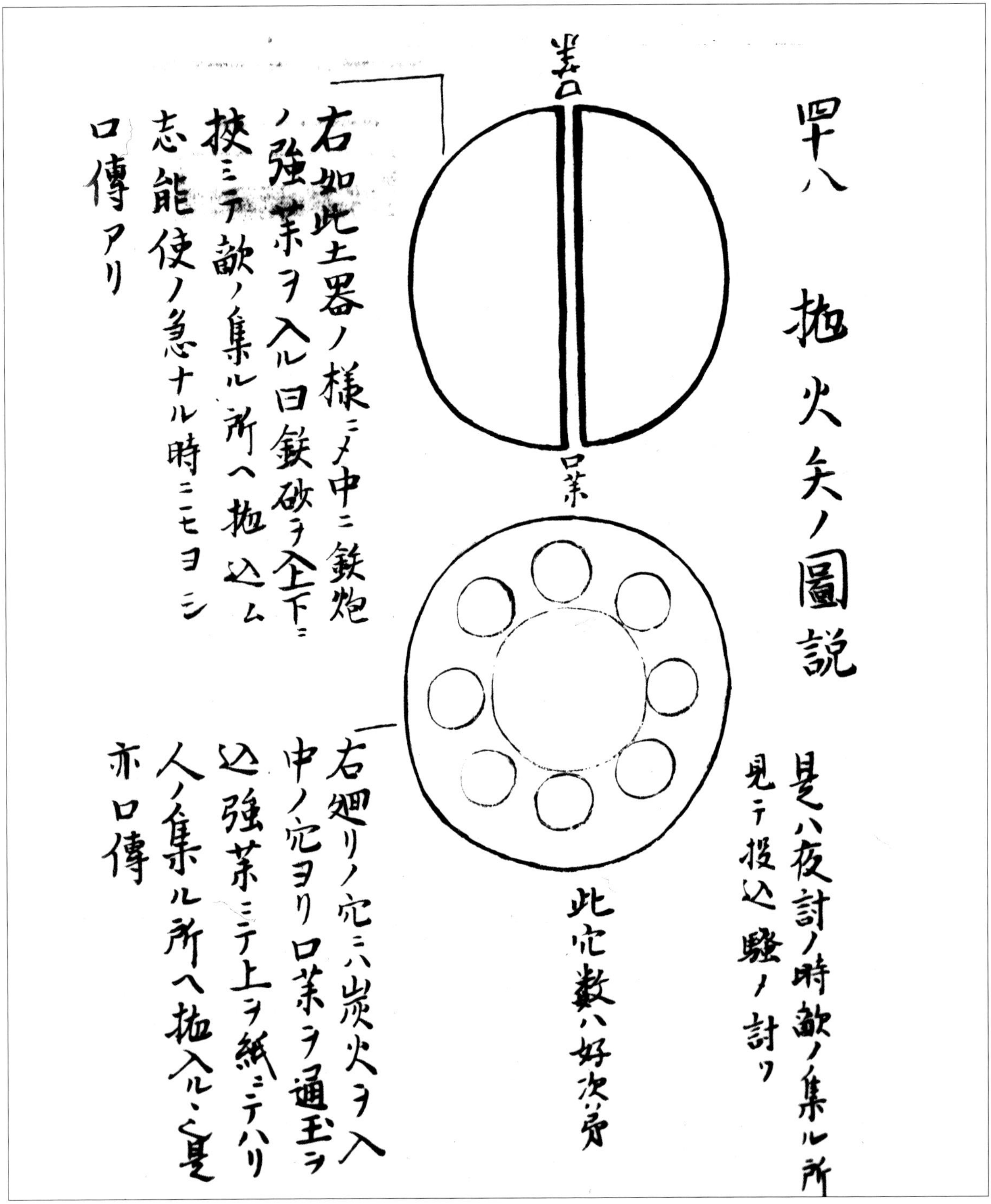


**Eine Ninja-Splitterbombe in Form des chinesischen Donnerschlags zeigt diese Illustration aus dem Bansen Shukai. Die Bomben hatten ein Metallgehäuse und funktionierten so, dass die Fetzen des Gehäuses weit umhergewirbelt wurden. Die Zeichnung zeigt auch, wie Hakenbüchsen-Kugeln in der Bombe angeordnet werden konnten. Schädliche Substanzen und Tonscherben konnten ebenso hinzugegeben werden, um für noch größere Verwüstung zu sorgen.**

Yoshimori, ein Samurai, der ihn auf seinen Wanderungen begleitete, als ein erfahrener Ninja erwähnt, während er in Werken wie dem Gikeiki einfach nur als loyaler Samurai-Krieger bezeichnet wird.

Der zweite erkennbare Trend besteht darin, die Ninja mit den Anhängern des interessanten Yamabushi Shugendo in Verbindung zu bringen. Auf den ersten Blick scheinen Ninja und Yamabushi nur wenig gemeinsam zu haben, wenn man von den Mysterien absieht, die beide umgeben. Vielleicht ist einer der Gründe der, dass ein Auftreten als Yamabushi für einen Ninja eine ideale Tarnung darstellte, wenn er auf Reisen war und Spionage betrieb. In einer der größten Legenden Japans, die von Benkeis und Yoshitsunes Flucht vor Yoritomo erzählt, finden als Yamabushi getarnte Ninja Erwähnung. Außerdem existiert eine berühmte Geschichte über den Grenzübergang von Ataka, wo die Flüchtlinge nach ihrer wahren Identität gefragt werden. Es ist denkbar, dass einzelne Yamabushi als Spione für einen konkurrierenden Daimyo tätig waren und so ihr Recht auf ungehindertes Reisen missbrauchten.

Die abschließende Entwicklung des Ninja-Mythos machte aus diesen zweifellos authentischen Attentätern und Spionen eine Art Superhelden. Daran ist vor allem bemerkenswert, dass dieser Prozess bereits einsetzte, als die echten Ninja noch immer das Potential besaßen, ihr Handwerk auszuüben. Es könnte sein, dass einige der von ihnen durchgeführten Operationen wie beispielsweise der Mord an Uesugi Kenshin so völlig unerklärlich schienen, dass Magie oder Unsichtbarkeit die einzig möglichen Schlussfolgerungen waren. Es existieren jedoch auch Parallelen zu einem anderen Wandel, der sich zur gleichen Zeit abspielte: der Mythos von den unbesiegbaren Samurai-Schwertkämpfern. Während der abgehärtete Krieger auf dem Schlachtfeld das Image des überlegenen Individuums erhielt, wurden seinem unrühmlichen und tödlichen Spiegelbild in Gestalt der Ninja mysteriöse Kräfte zugeschrieben, die die Realität überstiegen.

Auf den vorangegangenen Seiten habe ich versucht, ein möglichst korrektes Bild des Ninja zu zeichnen. Was haben wir nun über ihn in Erfahrung gebracht? Vor allem war er ein äußerst geschickter Kämpfer in allen Kampfkünsten, für den es nicht unter seiner Würde war, für Geld und auf eine Art und Weise zu kämpfen, die offiziell gesellschaftlich nicht hinnehmbar war. Es ist anzunehmen, dass er zu einer der Familien gehörte, die unter größter Verschwiegenheit die Ninja-Traditionen an ihre Nachkommen weitergaben, einerseits um ihre Stellung zu wahren, die ihnen den Lebensunterhalt sicherte, als auch um ihren Stil rein und unverfälscht zu belassen. Wenn der Ninja in Aktion trat, dann war er bereit, für seine Aufgabe zu sterben. Außerdem zeigte er bei der Operation außergewöhnliche Ausdauer, um auf den richtigen Moment zu warten und dann zuzuschlagen.

**Ein Ninja an der Burgmauer von Iga Ueno.**

Zwei Ninja an der Burgmauer von Iga Ueno.

Ein Ninja kämpfte auf eine Weise, die von einem Samurai nicht befürwortet wurde, und er kämpfte unter Bedingungen, bei denen sogar der mutigste Samurai gezögert hätte. Angesichts der authentischen, historisch belegten Operationen kann es nur verwundern, dass überhaupt jemand es für erforderlich hielt, die Leistungen der Ninja ins Fiktive zu übersteigern, wenn die Fakten rund um diese so bemerkenswerten Krieger im feudalen Japan selbst schon bemerkenswert genug sind.

# Museen, Sammlungen und Neuinszenierungen

In meinem Buch „Ninja: The True Story of Japan's Secret Warrior Cult“ (Firebird, 1991) habe ich mich nur am Rande mit jenen Stätten in Japan befasst, die mit den Ninja in Verbindung gebracht werden und die man auch heute noch besuchen kann. In den vergangenen Jahren hatte ich Gelegenheit, diese Orte noch einmal zu besuchen und mir auch einige andere Stätten anzusehen. Dabei bin ich zu einem sehr positiven Gesamteindruck gelangt. Es gibt eine ganze Reihe von Orten in Japan, wo man das touristische Potential der Ninja erkannt hat, doch in jedem Fall sollten Sie sich erst einmal mit dem jeweils zuständigen Fremdenverkehrsamt in Verbindung setzen, ehe Sie Besuchspläne schmieden.

Zentrum für die Popularisierung der japanischen Ninja ist zweifellos Iga-Ueno in der Präfektur Mie. Der Burgpark wartet mit einem Ninja-Haus und einem Ninja-Museum auf. Das Haus, das in einem nahe gelegenen Dorf abgebaut und hier wieder aufgebaut wurde, macht einen sehr überzeugenden Eindruck. Es weist mehrere Falltüren und verborgene Eingänge auf, deren Funktionsweise dem Besucher von zwei reizenden jungen Ninja-Ladys vorgeführt wird, die zwar ein den ganzen Körper bedeckendes Ninja-Kostüm tragen, dessen Wirkung allerdings da durch zunichte gemacht wird, dass man sich bei der Wahl der Farbe für ein kräftiges Pink bzw. Purpur entschieden hat. Das Museum ist ebenfalls sehr interessant. Am besten besucht man Iga-Ueno Anfang April, wenn das jährliche Ninja-Festival gefeiert wird. Die Feierlichkeiten gestalten sich jedes Jahr anders und können eine Parade ebenso umfassen wie eine der sehr guten Inszenierungen der örtlichen Truppe.

Koga, das mit Iga bei der Versorgung mit Shinobi-Söldnern wetteiferte, hat zwei Touristenattraktionen in Sachen Ninja zu bieten. Eine davon ist ein Ninja-Haus, das der Version in Iga recht ähnlich ist. Die andere ist ein erhalten gebliebenes Ninja-Dorf mit Tempel und Schrein. Beide sind einen Besuch wert, aber nicht ganz so leicht zu erreichen wie die Stätten in Iga.

**Ein Ninja an der Burgmauer von Iga Ueno. Die Basis japanischer Burgen aus derartigen Steinen ergab eine Mauer, die leicht zu bezwingen war, da sie geneigt war und zahlreiche Möglichkeiten bot, um sich festzuhalten.**

Nijo jinya, das Haus in Kyoto, das die Grundlage für den hypothetischen Angriff in diesem Buch bildet, ist auf jeden Fall einen Besuch wert. Alle Vorrichtungen, die in diesem fiktiven Szenario vorkommen, finden sich wirklich in diesem Haus. Sehenswert sind auch die Brandschutzmaßnahmen, durch die Nijo jinya das Große Temmei-Feuer von 1788 überstand. Einen Besuch dort kann man kombinieren mit einem Ausflug zur nahe gelegenen Burg Nijo,

**Ein Ninja entkommt im Jahr 1638 in einem Pfeile-Hagel aus der Burg Hara in Shimabara, nachdem er dort in einer Spionagemission unterwegs gewesen ist. Die Belagerung von Hara hat uns die besten, wahrheitsgetreuen Schilderungen der Ninja in Aktion während eines Krieges geliefert. Bei einem Angriff wurden eine Reihe von Flaggen erbeutet, was der Moral der Belagerer deutlichen Auftrieb gab.**

**Zwei Mitglieder der Iga Ueno Ninja Reenactment Group sind im Begriff, in die Burg einzudringen, indem sie die Löcher benutzen, durch die Steine herab geworfen werden können, also das japanische Gegenstück zum Gusserker. Diese Löcher waren von innen mit einer Tür gesichert, so dass sich die Ninja hindurch schneiden mussten.**

wo die Geräuschkulisse des berühmten „Nachtigallen-Bodens“ den Besucher begleitet, wenn er sich diesen atemberaubenden Palast ansieht.

Ein weiteres Beispiel für Authentizität findet sich im Distrikt Teramachi von Kanazawa. Der Myoryuji war einer von mehreren Tempeln, die vom dritten Daimyo an den Stadtrand verlegt wurden, um eine äußere Verteidigungslinie für Kanazawa zu schaffen. Er weist eine Vielzahl von geheimen Räumen, versteckten Türen und geheimen Durchgängen auf und ist heute unvermeidlich als „Ninjadera“ oder

## Glossar

| | |
|---|---|
| **Ashigaru** | Infanterist |
| **Chunin** | Ninja-„Offiziere“ |
| **Daimyo** | Lehensfürst |
| **Futon** | Faltbare Matratze |
| **Genin** | Gewöhnlicher Ninja |
| **-gumi (kumi)** | Militäreinheit |
| **Gunkimono** | Kriegsgeschichte |
| **Hamagari** | Eine lange, dünne Klappsäge |
| **Hara kiri** | Ritueller Selbstmord |
| **Kancho** | Spione |
| **Koku** | Ein Reismaß, oft verwendet, um Reichtum anzuzeigen |
| **Komuso** | Ein Flöte spielender Zen-Bettler |
| **Koran** | Agitatoren oder Aufwiegler |
| **Kunai** | Gerät, um Löcher in eine Wand zu meißeln |
| **Maru** | Eine Burgmauer (ichi, ni, san heißt: 1., 2., 3.) |
| **Ninjutsu** | Ninja-Techniken |
| **Sensei** | Meister oder Lehrer |
| **Shinobi** | Andere Lesart der Silbe „nin“ in Ninja |
| **Shinobigama** | Ninja-Waffe aus Sichel und Kette |
| **Shogun** | Militärdiktator |
| **Shonin** | Ninja-Führer oder Vorsteher |
| **-shu** | Militäreinheit |
| **Shugo** | Provinzgouverneur |
| **Shuriken** | Wurfstern |
| **Teisatsu** | Späher |
| **Yamabushi** | Bergasket |
| **Yashiki** | Herrenhaus |

„Ninja-Tempel" bekannt. Er ist es ebenfalls wert, besucht zu werden, da es sich wie beim Nijo jinya bei allen Vorrichtungen um Originale handelt.

Nahe Nagano ist die Stätte gelegen, an der sich einst die Togakure-ryu-Schule für Ninjutsu befand. Dort gibt es ein Ninja-Museum mit einer ganzen Reihe interessanter Ausstellungsgegenstände. Aber ganz in der Nähe befindet sich eine viel beliebtere Attraktion - ein Ninja-Themenpark für Kinder, der den Schwerpunkt auf das Vergnügen legt. Für diese Stätten ist es ratsam, sich einen Mietwagen zu nehmen. Ninja sind auch Gegenstand des Ise Jidai Mura, des „Samurai-Themenparks", in dem Ninja-Akrobatik eine der Vorführungen war, die zum festen Programm gehörten, als ich 1999 dort war. Und ich muss sogar gestehen, dass mir das „Ninja Fun House" recht gut gefallen hat!

Schließlich ist es auch noch möglich, das Grab eines echten Ninja zu besuchen, ohne dafür Tokio verlassen zu müssen. Der berühmte Hattori Hanzo ist im Garten des Seinenji-Tempels beerdigt, der nahe der Sophia University in Chiyoda-ku gelegen ist. Im Tempel kann man Hanzos Speer bewundern.

# Bibliographie und weiterführende Literatur

Wer mehr über die tatsächliche Geschichte der Ninja lesen will, dem empfehle ich mein früheres Buch „Ninja: The True Story of Japan's Secret Warrior Cult „(Firebird, 1991). In diesem Buch findet sich auch eine umfassende Bibliographie, die alle im Text erwähnten japanischen Quellen aufführt, aus denen ich zitiert habe.

Es gibt darüber hinaus eine ganze Reihe von Veröffentlichungen, die sich mit der Kampfkunst der Ninja und dem Ninjutsu befassen. Wie genau oder authentisch diese Arbeiten sind, kann ich nicht beurteilen, aber ich möchte anmerken, dass Stephen Hays als angesehener Autor gilt.

Für allgemeinere Informationen über die Samurai und Ninja möchte ich auf meine Bücher „Samurai Warfare" (Cassells, 1996) oder „The Samurai Sourcebook" (Cassells, 1998) verweisen. Auf meiner Website www.stephenturnbull.com finden Sie außerdem regelmäßig aktualisierte Informationen über neue Projekte.

**Der Eingangsbereich des Ninja-Hauses in Koga, das in einem nahe gelegenen Dorf ab- und hier wieder aufgebaut wurde.**

# ANMERKUNGEN ZU DEN FARBTAFELN

## *A: Ninja in traditionellem Kostüm mit der wesentlichen persönlichen Ausrüstung*

Diese Zeichnung zeigt einen typischen Ninja in seinem traditionellen Kostüm und der üblichen Ausrüstung, die er bei sich trug. Das Ninja-Kostüm ist vollständig schwarz, doch wie im Text erklärt gab es auch Gelegenheiten, bei denen der Ninja eine Tarnung wählte oder sich so kleidete, wie einer der Wachleute der feindlichen Burg.

1. Das Kostüm an sich wird so gezeigt, wie der Ninja es getragen hat. Seine Bestandteile werden dagegen um ihn herum angeordnet einzeln dargestellt. Der Ninja-Anzug war ein einfaches, aber gut gearbeitetes Kostüm, das aus Hose und Jacke bestand. Die Jacke (11) entsprach in etwa der, die beim Judo oder beim Karate getragen wird. Damit ihr Träger mit keinem Teil der Jacke hängenblieb, wenn er an einer Mauer hinaufkletterte, wurden die Schöße in die Hose gesteckt. Die Hose lag sehr eng an und wurde so getragen wie die eines Samurai, wenn er auf einem Pferd ritt. Sie wurde unterhalb des Knies geschnürt. Über dem Unterschenkel trug er Gamaschen, die ebenfalls sehr der Standardausrüstung eines Samurai entsprachen. Die Füße steckten in schwarzen „tabi", den klassischen japanischen Socken mit einem separaten Stück für den großen Zeh sowie verstärkten Sohlen. „Waraji" (Strohsandalen) (10) rundeten die Fußbekleidung eines Ninja ab. Ein Hemd mit eng anliegenden Armen scheint ebenfalls zum Ninja-Kostüm gehört zu haben, wenn man der Mehrzahl der Illustrationen glauben darf. Das ganze Ensemble wurde von einem langen schwarzen Gürtel um die Taille zusammengehalten. Der Kopf des Ninja war komplett in eine Kapuze gehüllt, die nur das Gesicht oberhalb des Mundes unbedeckt ließ, manchmal aber auch lediglich einen schmalen Sehschlitz aufwies. Am Gürtel trug er eine vielseitig verwendbare kleine Tasche.

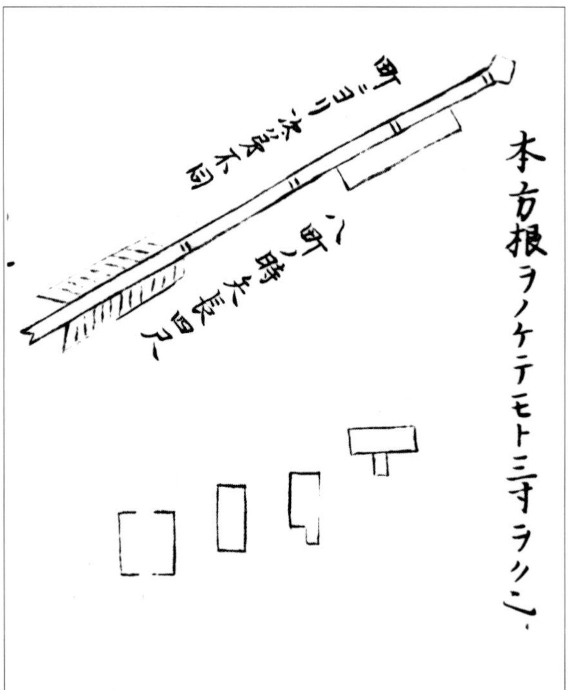

**Eine Ninja-Rakete aus dem Bansen Shukai.**

2. Auch „tetsu bishi" (Fußeisen) konnten mitgeführt werden. Die bestanden aus Eisendornen, die in der Form eines Tetraeders angeordnet waren, so dass einer der Dornen immer nach oben zeigte. Da Samurai üblicherweise Schuhwerk mit dünner Sohle trugen, eigneten sich diese Fußeisen hervorragend, um den Abstand zu den Verfolgern zu vergrößern.
3. Wir sehen hier verschiedene Formen des „shuriken", des „Ninja-Wurfsterns", der in einer Drehbewegung geworfen wird.
Im Uhrzeigersinn sehen wir die sechs unverzichtbaren Ausrüstungsgegenstände eines Ninja:
4. Kaginawa (Seil mit Haken): Dies war das wichtigste Kletterwerkzeug eines Ninja und wurde am Gürtel getragen, wenn es nicht benötigt wurde.
5. Amegasa (Schilfhut): Ein derartiger Hut ist auf den ersten Blick nicht als typische Ninja-Ausrüstung erkennbar, doch er gehörte tatsächlich dazu und erwies sich als nützlich, um die Identität zu tarnen. Außerdem war er in der Regenzeit äußerst zweckmäßig.
6. Sanjaku tenugui (Drei-Shaku-Tuch [drei Fuß langes Tuch]), gefaltet. Dies war das Ninja-Gegenstück zum Samurai-Utensil, das als Verband und als Schleuder ebenso wie als Tuch verwendet werden konnte.
7. Uchitake (wasserdichter Schießpulverbehälter in einem Bambusrohr). Hierbei handelt es sich um eine einfache Pulverflasche, die doppelt gegen die Witterung geschützt war. Zunder konnte zum Entzünden verwendet werden. Die Absicht war mehr die, etwas in Brand zu setzen, anstatt eine Explosion herbeizuführen.

**Das Innere des Iga Ueno Ninja Museums, das als Kellergeschoss unter dem Ninja-Haus gebaut wurde. Hier werden zahlreiche Ninja-Werkzeuge ausgestellt.**

8. Inro (Medizinbehälter). Das Inro gehörte zur Standardausrüstung eines jeden japanischen Samurai und enthielt eine kleine lackierte Schachtel mit mehreren ineinander greifenden Fächern, die von einer Schnur zusammengehalten wurden. In ihnen konnten sich Pillen, Medizintropfen und Gegenmittel gegen Gifte befinden.
9. Seki hitsu (wörtlich: „Steinpinsel"). Eine Schreibutensilienschachtel mit einem Schieferstift. Von einem Ninja wurde erwartet, dass er lesen und schreiben konnte, damit er einen Plan von den Anlagen des Feindes aufzeichnen und auch Nachrichten verfassen konnte. Die Schachtel ist lackiert, damit kein Wasser durchdringt.

## *B: Spezielle Ninja-Ausrüstung und ihre Anwendung*

Diese Tafel zeigt verschiedene spezielle Ausrüstungsgegenstände in ihrer praktischen Anwendung.

1. Kurorokagi (ein metallenes Kletterwerkzeug). Dieses auf den ersten Blick unnötige Werkzeug bestand aus einem stabilen Eisenhaken, der an einem Metallgriff festgemacht war. Seine Funktion bestand darin, das Klettern zu erleichtern und eine Verlängerung der Reichweite der eigenen Hand zu ermöglichen, wie man hier sehen kann. Beim Abstieg war es überdies vermutlich als eine Art Steigeisen verwendbar. Das kleine Bild zeigt eine ähnliche Kletterhilfe aus Eisen.
2. Saoto hikigane (Abhörvorrichtung). Diese tragbare Abhörvorrichtung funktionierte wie ein Hörrohr, so dass ein Ninja Unterhaltungen belauschen und die Bewegungen der Wachen bestimmen konnte. Das kleine Bild zeigt mehr Details. Im Prinzip handelte es sich um nichts weiter als einen spitz zulaufenden Metallzylinder.
3. Tsubokiri (Einbruchswerkzeug). Durch den Einsatz zweier verschiedener Werkzeuge nacheinander konnten kleine Lücken zwischen den Holzbohlen geschaffen werden. Das erste Werkzeug, das Tsubokiri, sieht aus wie eine Eisengabel mit zwei Zinken, die dazu diente, eine Lücke durch Drehen ein wenig zu verbreitern, um Platz genug zu schaffen, damit eine dünne, mit feinen Zähnen besetzte Säge in Form eines Blatts eingeführt werden konnte.
4. Shikoro (dünne Säge). Mit diesem Sägeblatt konnte sich ein Ninja durch die hölzernen Fugen eines Fensters oder einer Gittertür schneiden. Das kleine Bild zeigt eine Version mit einem langen Griff.
5. Kunai (Meißel). Da es sich bei japanischen Burg-

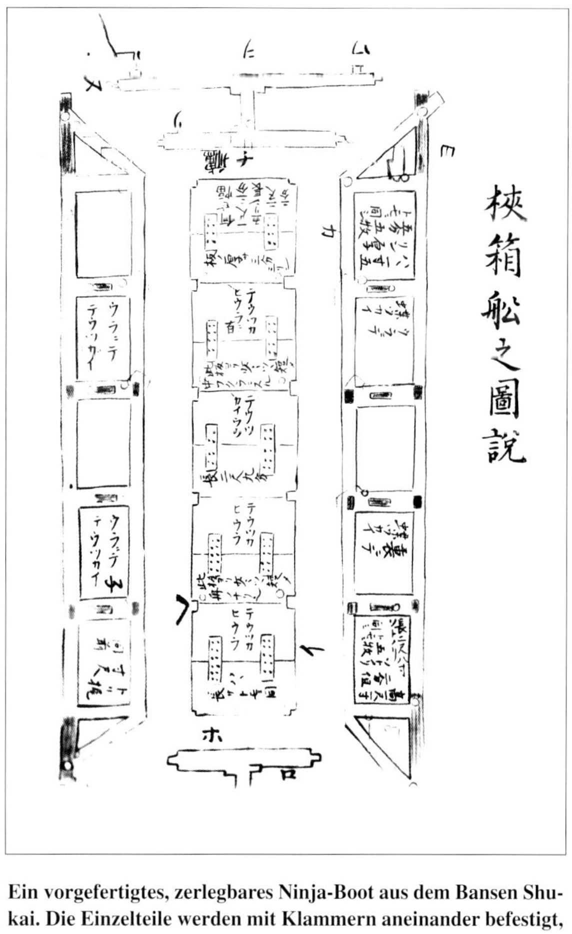


**Ein vorgefertigtes, zerlegbares Ninja-Boot aus dem Bansen Shukai. Die Einzelteile werden mit Klammern aneinander befestigt, dann wird wasserfester Stoff darübergezogen.**

mauern um mit Lehm beworfenes und dann verputztes Flechtwerk handelte, konnte ein Ninja ein Kunai benutzen, das einer Kreuzung aus einem Messer mit breiter Klinge und einem Spachtel glich. Durch Stechen und Schneiden konnte er recht schnell ein Loch in die Wand schneiden, das groß genug war, um hindurchzuklettern.

6. Shinobi-gama (Sichelwaffe). Die Kombination aus einer Sichel und einer Kette war eine bekannte Waffe aus den Kampfkünsten, die ihren Ursprung in landwirtschaftlichen Geräten hatte. In ihrer einfachen Form war sie als „kusari-gama" bekannt. An einem Ende der Kette war ein Gewicht festgemacht, so dass sie geworfen werden konnte, um einen Verfolger zu stoppen. Der Ninja konnte diesem dann die Beine unter dem Leib wegziehen und ihn mit der Sichel töten. Die Ninja-Ausführung zeichnete sich dadurch aus, dass die Klinge kleiner und sehr scharf war und in einer Scheide steckte, wenn sie nicht benötigt wurde.
7. Hokode (Handkrallen). Mit ihnen konnte ein Ninja leichter eine Wand bezwingen, außerdem konnte er sie bei einem Faustkampf gegen seinen Widersacher zum Einsatz bringen.
8. Tekagi (Krallen, eine Art Schlagring). Sie waren aus Eisen hergestellt und dienten eigentlich dem Zweck, eine Mauer zu bezwingen, konnten aber auch im Kampf eingesetzt werden.

## *C: Entwicklung, Training und Rekrutierung eines Ninja*

Diese Tafel zeigt, wie ein junger Ninja in einem der Ninja-Dörfer in Iga aufwuchs. Wenn er zum Teenager wurde, war er bereits ein Experte in den Grundlagen des Ninjutsu.

1. Wir sehen ihn als Kind, wie er unter den wachsamen Blicken des Vaters, der sein Leben lang sein Haupttrainer sein wird, das Prinzip der Balance erlernt.
2. Hier lernt unser junger Ninja, mit Hilfe eines Bambusrohrs unter Wasser zu atmen. Eines Tages wird ihm diese Technik das Leben retten, wenn er sich stundenlang unter Wasser verstecken muss, um ihn verfolgende Feinde abzuschütteln.
3. Übung mit dem Schwert ist in jeder Phase der Entwicklung eines Ninja wichtig. Hier lernt der Junge in seiner ersten Lektion, wie man sich aller Angreifer um sich selbst herum bewusst ist. Die Feinde sind hier nur an Seilen befestigte Zweige, doch der junge Ninja muss in der Lage sein, vorherzubestimmen, wie sich jeder dieser Zweige bewegt und wie er ihnen ausweichen kann.
4. Der Junge übt jetzt ausgiebig mit den Shuriken, um zu lernen, wie man die sternförmigen Waffen richtig wirft und wie man das Ziel genau trifft.
5. Der junge Ninja muss Überlebenstechniken auf die harte Tour erlernen, indem er sich in die Berge zurückzieht und lernt, sich selbst zu ernähren. Hier sehen wir, wie er unter dem Lagerfeuer Reis kocht. Die kleinen Bilder zeigen, wie der Reis in Stoff gewickelt und dann in Wasser getränkt wurde. Der Beutel wurde unter dem Feuer vergraben, um so den Reis zu kochen.
6. Hier wird der junge Ninja vom „shonin" (dem Anführer der Ninja in seinem Dorf) befragt, der seine Fortschritte beurteilen muss. Wenn sein Training abgeschlossen ist, wird er auf seine erste Mission geschickt.
7. Die Befähigung zum Teamwork wird in diesen Zeichnungen erkennbar. Derart akrobatische Fähigkeiten könnten den Mythos in die Welt gesetzt haben, Ninja könnten fliegen. Beispielsweise gab es Zwei-, Drei- und Vier-Mann-Techniken, um eine Mauer zu überwinden. In der ersten Version lief ein Ninja nach vorn, während er seinen Kameraden auf den Schultern trug, der dann aus dieser erhöhten Position absprang.
8. Zwei Mann konnten einem dritten dabei behilflich sein, über eine Mauer zu „fliegen", wenn sie ihm den richtigen Schwung gaben.
9. Mit vier Ninja wurde es möglich, eine menschliche Pyramide zu bauen.
10. Hier sehen wir einen Ninja, der den „yari", den

**Die Ninja-Kunst des Fesselns Schritt für Schritt dargestellt im Buke Senjin Saho Shusei von Yoshihiko Sasama (Nachdruck mit freundlicher Genehmigung des Verlags).**

langen Speer eines Infanteristen, benutzt, um mit ihm wie ein Stabhochspringer ein Hindernis zu überwinden.

### *D: Ein Ninja, der als Yamabushi getarnt ist, kehrt in sein Dorf in der Provinz Iga zurück*

Diese Tafel zeigt einen Ninja, der in sein Dorf in der Provinz Iga heimkehrt, nachdem er in der Verkleidung eines Anhängers der Shugendo-Sekte, allgemein bekannt als „yamabushi", in einer verdeckten Operation unterwegs gewesen war. Yamabushi konnten ungehindert durch ganz Japan reisen, so dass sich diese Rolle für einen spionierenden Ninja hervorragend eignete.

Im Vordergrund sehen wir den Ninja, der als Yamabushi gekleidet ist. Er trägt die traditionelle weiße Kleidung mit den großen Pompoms und dazu den typischen Hut ohne Krempe. Er blickt hinunter auf sein Dorf. Die große „horagai" (Muscheltrompete) und der „shakujo" (Schellenbaum) vervollständigen die Illusion.

Für den ungeschulten Betrachter ist das Dorf nicht von einem bluhenden landwirtschaftlichen Zentrum auf einem typischen Territorium eines Daimyo zu unterscheiden, und genau das ist auch die Absicht der Dorfbewohner.

1. Wir sehen einen einfachen Buddhistentempel mit Friedhof und Shinto-Schrein.
2. Der große Unterschied zeigt sich in den Verteidigungseinrichtungen des Dorfs, doch selbst die sind dezent gehalten. Auf den Hügeln ringsum gibt es eine Reihe von Signalfeuern, um frühzeitig vor einem Angriff zu warnen, sowie einen einfachen Wachturm am Dorfrand.
3. Im Dorf selbst bilden die Häuser der Genin den äußersten Ring inmitten der Reisfelder.
4. Das Haus des Shonin bildet den Mittelpunkt des Dorfs. Es sieht zwar aus wie ein schlichtes Bauernhaus, so wie es von einem typischen Dorfvorsteher bewohnt werden könnte, doch es befindet sich inmitten eines Labyrinths aus Reisfeldern, die als natürlicher Graben dienen, da sie die meiste Zeit des Jahres über unter Wasser stehen. Steile Erdwälle und ein Bambuszaun oder eine Dornenhecke bilden zusätzliche Abwehrmechanismen. Die Wege zwischen den Reisfeldern sind sehr schmal, und es gibt festgelegte Stellen, an denen Waffen vergraben sein können.

### *E: Ein Ninja-Haus*

Auf diesem Bild blicken wir in das Haus eines Shonin im Ninja-Dorf. Es ist in jeder Hinsicht so gut gesichert wie das Dorf selbst. Das Haus ist ein strohgedecktes Bauernhaus, doch es ist mit sehr viel Geschick angelegt. Das schlichte japanische Bauernhaus ist um viele „Ninja"-Vorrichtungen erweitert worden, die eine Verteidigung gegen Angriffe ermöglichen sollen.

1. Wir sehen die typischen Korridore mit poliertem Holzboden, von denen aus man in die mit „tatami" (Strohmatten) ausgelegten Zimmer gelangt
2. Der Hauptempfangsraum des Shonin ist gut bewacht. Hinter der Schriftrolle an der Wand gibt es ein geheimes Loch, durch das ein Wachmann die Unterhaltung belauschen kann, um erforderlichen-

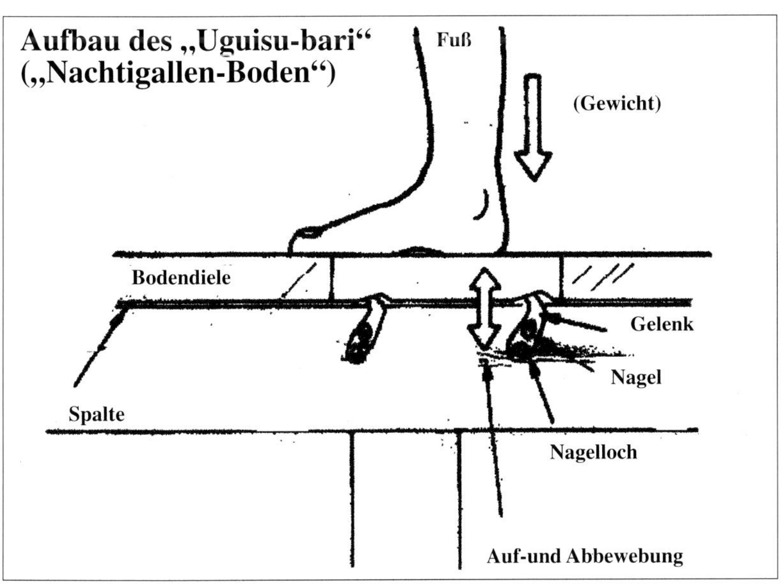


**Die Funktionsweise des berühmten Nachtigallen-Bodens in der Burg Niko in Kyoto. Entgegen der allgemein vorherrschenden Überzeugung entsteht das Geräusch nicht durch die Bodendiele selbst, sondern durch die abgesetzten Metallscharniere, und wird durch den Druck des Fußes ausgelöst. Diese Abbildung wurde der Broschüre über die Burg Nijo entnommen.**

**Das Ninja-Haus in Iga Ueno, das in einem nahe gelegenen Dorf ab- und hier wieder aufgebaut wurde. Es ist eine der beliebtesten Stätten für die Touristen, die sich auf den Spuren der Ninja bewegen.**

falls einzuschreiten.

3. Es existiert auch ein geheimer unterirdischer Gang, ferner gibt es im Korridor eine sehr unangenehme Falle, in der Dorne auf ihre Opfer warten. Einem Angreifer ist nicht bekannt, ob er in diese Falle oder in den Geheimgang springt.
4. Ins Obergeschoss gelangt man über eine „rotierende" Treppe, die so geschwenkt ist, dass sie zuklappen kann.
5. Die verputzten Wände im Obergeschoss weisen eine Reihe von Fenstern auf, die als Schießscharten benutzt werden können.
6. Das Obergeschoss ist so gut wie unsichtbar. Durch eine Klapptür, die durch das Stroh führt, gelangt man auf das Dach.

## *F: Ninja auf dem Feldzug 1: Eindringen in eine Burg*

Diese Tafel zeigt eine Gruppe Ninja bei einer der typischsten Aktivitäten: das Eindringen in eine schwer verteidigte Burg, um zu spionieren oder ein Attentat auszuführen. Anders als bei Farbtafel H liegt der Schwerpunkt hier auf der Verstohlenheit vor, während und nach der Operation. Wir sehen hier die erste Stufe des Ablaufs, bei der es darum geht, den Burggraben zu überwinden und die Außenmauer zu bezwingen.

Der Graben rund um die Burg ist mit Wasser gefüllt und zu tief, um ihn durchwaten zu können. Die Burgmauern sind im typisch japanischen Stil geneigt und bieten ausreichend Möglichkeiten, um sich festzuhalten. Dennoch sind Strickleitern ein nützliches Gerät, vor allem, je weiter man sich nach oben bewegt. Auf der einen Seite sehen wir oberhalb der Steinbasis eine einfache, verputzte Wand, die von einer Pinie überragt wird, während es sich bei der anderen Mauer um eine ausgefeilte „tamon yagura" handelt, ein turmartiges Bauwerk, das die Steinbasis nach oben hin ausweitet. In diesem Fall gibt es nur zwei Möglichkeiten, in die Feste einzudringen: durch die Löcher, durch die Steine auf Eindringlinge geworfen werden können, und durch die mit Läden und Gittern schwer gesicherten Fenster.

1. Die Ninja, die den Graben überqueren, bedienen sich drei verschiedener Methoden. Der erste benutzt die „ukidaru", zwei unhandliche, Bottichen gleichende Schwimmer, die sehr kippelig gewesen sein müssen.
2. Der zweite Ninja verwendet eine glaubwürdigere Schwimmhilfe, die aus einer Serie von miteinander verbundenen Schwimmern besteht. Sie war eine Spezialität der Togakure-ryu aus Nagano. Die kleine Abbildung zeigt das Gerät in seiner Gesamtheit.
3. Das dritte Hilfsmittel ist die berühmte hölzerne Wasserspinne, die im Bansen Shukai zu sehen ist. Sie war eine Spezialität der Ninja aus Koga.
4. Der erste Ninja, der die Mauer hinaufklettert, benutzt einen „shinobi kumade", einen zusammenklappbaren Bambusstab, mit dem man einen Haken über den Ast eines Baumes heben kann, ohne dabei allzu viel Lärm zu machen.
5. Dieser Ninja zeigt, wie man ein Schwert nutzen kann, um eine Mauer hinaufzuklettern, da das stabile eiserne „tsuba" (Stichblatt) die Funktion einer Stufe übernehmen kann, wenn die Waffe gegen die Mauer gelehnt wird. Die Halteschnüre des

Schwerts band der Ninja um seinen Fuß, damit er das Schwert hochziehen konnte, sobald er die Wand bezwungen hatte.

6. Dieser Ninja benutzt eine Strickleiter mit einem stabilen Haken. Die Sprossen bestanden aus einer Serie kurzer Bambusstücke. Ein Seil war durch jeden Abschnitt gezogen, abwechselnd quer und über die ganze Länge. Am oberen Ende war ein Haken befestigt, und sobald das Seil insgesamt strammgezogen und festgemacht war, hatte man eine leichte, wenn auch wacklige Leiter.
7. Die Abbildung zeigt, wie die Füße weiteren Halt finden können durch „ashiko", ein mit Dornen versehenes Gerät, das einem Steigeisen ähnelt.

## G: Ninja auf dem Feldzug 2: Eindringen in das Herrenhaus eines Daimyo und Attentatsversuch

Diese Farbtafel ist im Wesentlichen eine Fortsetzung der vorangegangenen Tafel, da die Ninja nun in die Privatgemächer des Daimyo eingedrungen sind, um ihn zu töten. Diese Gemächer konnten sich tief im Inneren der Feste befinden, was die Aufgabe für die Ninja zusätzlich erschwerte, doch in vielen Fällen war das „yashiki" (Herrenhaus) ein separates Gebäude innerhalb der innersten Burgmauer. In dieser Zeichnung wurde auf die korrekte Darstellung der Wand verzichtet, damit man den Korridor und die Räume gleichzeitig sehen kann. Hinter der schweren äußeren Schiebetür befindet sich ein Korridor mit poliertem Holzboden, der zu einer Reihe von Räumen führt, die alle durch Papierwände voneinander getrennt sind. Der Boden ist ein Nachtigallen-Boden, was dem Daimyo das Leben gerettet haben dürfte.

1. Ein Ninja ist soeben durch die Tür eingedrungen, indem er verschiedene Einbruchswerkzeuge benutzt hat, wie sie auf Tafel B zu sehen sind. Er wirft Ninja-Sterne auf den Wachmann, der sich ihm im Korridor nähert.
2. Während sich sein Gefährte der Wache annimmt, ist der zweite Ninja im Begriff, den Daimyo zu töten. Das Opfer hat geschlafen, doch das Geräusch des Nachtigallen-Bodens hatte ihn geweckt, und nun kämpft er mit seinem Attentäter.
3. Die kleine Abbildung zeigt die Ninja-Technik, potentiell gefährliche Orte wie beispielsweise den Korridor einer Burg zu erkunden. Dabei balancierte der Ninja die Scheide des Schwerts auf der Spitze der Klinge, wobei er die Halteriemen der Scheide fest zwischen die Zähne nahm. Auf diese Weise konnte der Ninja seine Wahrnehmung praktisch um bis zu zwei Meter „ausdehnen". Wenn das Ende der Scheide auf einen Gegner traf, ließ der Ninja sie fallen und machte einen Satz nach vorn direkt auf den Widersacher zu.

## H: Ninja im Gefecht: Ein Angriff auf eine Burg während einer Belagerung

Während die Ninja auf den Tafeln F und G völlig unbemerkt in eine Burg eindringen, ein Attentat verüben und dann fliehen wollen, sehen wir hier eine deutlich andere Vorgehensweise. Es ist kurz vor Tagesanbruch, die Ninja sind in eine belagerte Burg eingedrungen. Jeder von ihnen hat eine bestimmte Aufgabe auszuführen, bevor die belagernde Armee mit Tagesanbruch gegen die Burg vorrückt. Wir sehen die Szene, die sich auf dem Burghof abspielt.

1. Einer der Ninja, der als Wache getarnt ist, tötet eine andere Wache. Dies beweist, dass Ninja nicht immer völlig in schwarz gekleidet aufgetreten sind. Maximale Verwirrung wird dann erzielt, wenn die Garnison Freund und Feind nicht voneinander unterscheiden kann.
2. Ein weiterer Ninja wirft eine kleine Ausführung einer Bombe im harten Gehäuse aus Ton oder Eisen - getreu chinesischer Bauart. Letztere konnte so wie eine Splitterbombe schreckliche Verletzungen verursachen, und größere Ausführungen besaßen genügend Sprengkraft, um ein Loch in die verputzten Wände der Burg zu reißen. Kleinere Versionen konnten von Hand geworfen werden, was sie zu wirkungsvollen Handgranaten machte. Gezündet wurden sie mit Zunder oder durch eine Zündschnur, die in einem wasserfesten, lackierten Behälter mitgeführt wurde.
3. Ein anderer Ninja tritt die Kohlenpfanne um, die auf dem Burghof die einzige Lichtquelle darstellt. Andere Ninja laufen umher, um anderswo in der Burg für Chaos zu sorgen. Im Hintergrund ereignet sich eine Explosion.